Pages Scolaires

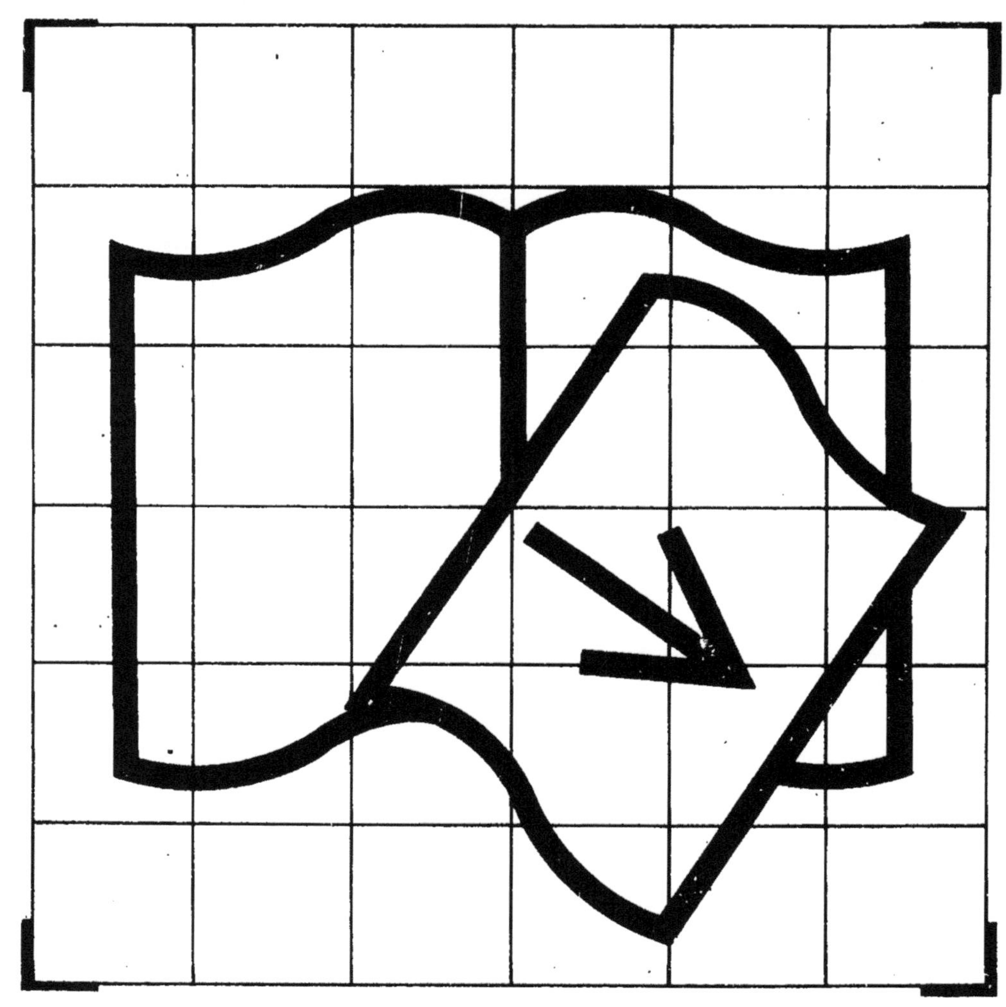

PAGES SCOLAIRES

RÉCITS. — SOUVENIRS. — POLÉMIQUES

A. VAQUETTE

Pages  Scolaires

RÉCITS. — SOUVENIRS. — POLÉMIQUES

PARIS

BLOUD ET Cᵉ, ÉDITEURS

7, PLACE SAINT-SULPICE, 7

1 ET 3, RUE FÉROU, 6, RUE DU CANIVET

1910

Aux Parents,

Aux Maîtres.

A MES LECTEURS,

Le livre qui se présente au public est né de la lutte entre l'Église et la Révolution : celui qui l'a écrit a été le spectateur passionné de cette lutte. Il en a suivi les phases si diverses ; elles ont souvent inspiré sa parole ou sa plume. Au cours de ces dernières années, sa pensée, comme celle de ses contemporains, s'est constamment tournée vers l'école, l'école à ses trois degrés : primaire, secondaire et supérieur. L'enjeu de la bataille était l'âme de l'enfant, l'âme de l'adolescent, l'âme du jeune homme.

Le soir venu, avant de m'éloigner du champ de bataille, j'ai recherché les paroles qu'un tel débat m'inspirait, et parce que leur flamme n'était pas éteinte, j'ai cru que leur mission n'était pas entièrement finie, qu'elles serviraient encore la cause de Dieu et de l'enfant.

De là ce livre.

J'ai hésité cependant avant de livrer au public ces pages que ne décore aucun mérite extraordinaire. Elles ne sont ni documentaires, ni érudites, ni éloquentes, ni affinées, ni curieuses de choses nouvelles.

Pourquoi donc les ressusciter ? Parce qu'elles s'occupent de l'école, de l'éducation, de l'avenir du pays ;

parce que la presse, parce que l'Eglise, parce que l'Etat leur conservent une poignante actualité.

Osons ajouter enfin que ce livre est le suprême effort d'un obscur soldat ; ce sont les dernières paroles qu'il ait écrites contre l'enseignement impie, au profit de l'enseignement chrétien. Je prends la confiance de les offrir à mes lecteurs comme à des amis connus et inconnus.

Une lecture se fait toujours de compagnie : on est deux au moins à cheminer vers la vérité : celui qui écrit et celui qui lit.

De cette vérité, mon ambition ou mon espoir a été de découvrir quelques rayons.

J'ignore quelle sera la fortune de ce livre ; je voudrais du moins qu'il fût un témoignage. Il dira qu'au service de l'Eglise et de la vérité, je n'ai cessé d'être un militant que lorsque la parole se fut éteinte sur mes lèvres et que la plume fut tombée de ma main glacée.

A. VAQUETTE,

Nancy, Faubourg Stanislas, 80.

20 Avril 1910.

PREMIÈRE PARTIE

Enfance : l'École primaire.

PAGES SCOLAIRES

RÉCITS. — SOUVENIRS. — POLÉMIQUES

PREMIÈRE PARTIE

Enfance : l'École primaire

AVANT-PROPOS

J.-B. DE LA SALLE
ET L'ENFANT DU PEUPLE

« Prendre à ses débuts cette intelligence qui vient
de s'ouvrir à la lumière, la dégager peu à peu des sens
qui l'enveloppent, et l'initier à la connaissance du vrai
par le jeu élémentaire des signes de la pensée; rendre
cette jeune âme attentive à elle-même pour lui faire
démêler la voix de la conscience à travers les cris
désordonnés et confus de l'instinct et de la passion,
élever cet enfant toujours prêt à se laisser choir dans
la matière, et le soutenir dans sa lutte avec la chair
et le sang par l'idée du devoir, par l'attrait de la vertu,
par l'amour de Dieu, cultiver cette fleur divine pour
la conduire, au prix de mille soins, jusqu'à son complet
épanouissement, et, pour tout résumer d'un mot,
tailler dans cette nature en apparence si vulgaire, ce

qu'il y a de plus noble et de plus élevé, un chrétien, enfant de Dieu et candidat de l'éternité : Quel travail et quelle œuvre ! »

C'est en ces termes magnifiques que Mgr Freppel louait, il y a quelque vingt ans, sous les voûtes de la cathédrale de Reims, la personne et l'œuvre de J.-B. de la Salle, lui-même enfant de Reims, et chanoine de sa métropole.

Tout est grand dans cet homme, tout est merveilleux dans cette œuvre.

J'y découvre les caractères manifestes des opérations divines :

1° Elle vient à son heure ; elle répond avec une remarquable opportunité aux besoins nouveaux de la société ;

2° Elle commence dans le dénûment des ressources humaines ; Dieu seul sera sa force et sa richesse ;

3° Elle rencontre de nombreuses oppositions et de nombreux contrastes.

I

Estimerons-nous jamais assez l'Évangile, et, dans notre Évangile, toute parole tombée des lèvres du Sauveur ? Ce verbe est la richesse de l'Église, elle ne consentirait pas à en perdre, à en échanger, ne serait-ce qu'une syllabe.

Tel enseignement est le fondement d'un dogme, tel autre nourrit la solide piété de ses enfants, un troisième lui ouvre les portes de l'apostolat, *ite, docete*.

Il en est sur lesquels repose l'institution religieuse comme sur une base inébranlable. Ainsi, chacun des fameux Ordres bénédictins, cartusiens, dominicains, franciscains, jésuites. Après Benoit, Bruno, Dominique, François, Ignace, voici J.-B. de la Salle.

Jésus disait : « Laissez les petits venir à moi », et il avait témoigné à l'enfant du peuple une tendre prédilection. Quand il s'était montré dans les plaines de la Galilée, ses premières bénédictions et ses premières paroles avaient été pour ce chétif.

.˙.

L'enfance est l'espoir des peuples. L'élever, c'est assurer l'avenir. Nous devons croire qu'elle fut, dès l'origine de l'Église, l'objet de la sollicitude des apôtres, et qu'en prêchant l'Évangile aux pauvres, ils n'oublièrent pas d'inculquer à leurs néophytes les préceptes qui sont encore aujourd'hui la règle de l'éducation chrétienne. A l'exemple du Sauveur et des apôtres, l'Église, dès qu'elle l'a pu, non seulement a offert, dans ses universités, des maîtres illustres aux fils de grandes familles, mais elle a ouvert, dans les villes à l'ombre de ses cathédrales, dans les campagnes à l'ombre de ses presbytères, des écoles aux enfants du peuple.

Ceux-là nous calomnient étrangement, qui font de nous des partisans de l'ignorance. Loin d'y voir une sauvegarde pour la foi et les mœurs des classes populaires, l'Église y a toujours vu un péril ; elle l'a déclaré par la voix du grand pape Benoît XIV : *Ignorantia omnium origo malorum præsertim in iis qui fabrili operæ dediti sunt.*

***

Reconnaissons-le cependant. Au xviie siècle, malgré l'éclat des hautes Humanités, dont la culture ne fut jamais plus affinée, l'enseignement primaire est en souffrance. Il existe des écoles dans presque tous les villages ; ce qui manque, c'est l'organisation de l'enseignement, et un plan d'études qui ne laisse aucune liberté au caprice et à l'arbitraire. L'enseignement végète sans méthode, les instituteurs de l'époque ressemblent assez aux médecins chinois d'aujourd'hui. Chacun se cantonne dans une spécialité. Tel maître enseigne à lire, tel autre à écrire, un troisième à compter, un quatrième apprendra aux enfants les éléments de l'histoire et de la littérature. Les écoliers vont de l'un à l'autre, perdant à peu près en chemin ce qu'ils ont appris,

Il n'en fut pas toujours ainsi. Du temps où florissaient les moines, chaque abbaye était une école, et de son foyer la science rayonnait sur tout le voisinage. Mais à cette époque, après la Réforme, avec le Gallicanisme, le Jansénisme, avec les prétentions régaliennes, avec la Commande, l'institution religieuse penchait vers son déclin; n'étant plus assez puissante, elle n'est plus assez bienfaisante. La première ruine est celle de l'école.

* *

Plus que jamais pourtant, il importe que le peuple soit instruit.

Nous sommes à la veille d'une époque où l'impiété, introduite et patronnée par Voltaire, envahira les écoles avec la science sans Dieu.

Il faut à l'enfance des maîtres mieux formés, plus instruits, capables de la prémunir contre les objections qui vont pulluler.

Contre l'enseignement de la fausse science, il faut une organisation plus serrée et plus forte de l'éducation chrétienne. Ajoutez qu'une révolution sociale et politique se prépare. Un siècle encore et le sol va trembler; les anciennes institutions vont tomber par terre; les classes populaires arriveront à la vie publique ardentes, avides, surexcitées par la philosophie incrédule du xviiie siècle, pleines de vie, mais pleines aussi de rancunes et d'erreurs, le cœur gonflé de colère, regardant l'horizon, et rêvant un avenir magnifique sur des débris.

Venir à ce peuple, instruire ses enfants, leur apprendre non pas seulement un peu d'écriture, d'orthographe et de calcul, mais ces vérités supérieures qui sont la règle, la force et la consolation de la vie; discipliner leurs passions naissantes, leur inspirer l'amour du devoir, l'énergie du sacrifice ; et, devant cet avenir qui s'ouvre pour eux si sombre, leur prêcher la résignation et la patience ; les entretenir d'une vie immortelle où Dieu leur réserve récompenses et dédommagements ; en un mot, préparer des générations capables de tenir tête à l'orage qui, là-bas, s'amoncelle : ce n'était pas seulement une œuvre sublime, c'était une œuvre opportune s'il en fut jamais.

Grâce à elle, l'apostasie de la France ne fut pas complète ; la réserve de l'éducation chrétienne fut un germe et un agent de résurrection.

Pour une telle création, de quelles ressources disposait notre saint ? — De son inébranlable foi.

Ici-bas, qui veut fonder une œuvre amasse des capitaux, il construit sur l'or, s'enrichit de connaissances, s'entoure de protecteurs ; fragiles appuis, mais appuis nécessaires de toute grandeur terrestre. Toutes ces ressources, J.-B. de la Salle les possède, et volontairement il les sacrifie.

Issu d'illustre famille, il vivra dans la compagnie des pauvres, il n'enseignera que l'enfant des pauvres, il se choisira des collaborateurs sortis des rangs du peuple. Riche, il abdique toute fortune ; il se dépouille de son patrimoine, en faveur non de ses frères ou de sa famille, mais d'un prêtre sans ressources.

Il est savant, docteur en théologie. Il fermera désormais la Somme de saint Thomas, et, jusqu'à la fin de sa vie, s'inclinera vers l'enfant du pauvre, pour épeler avec lui le syllabaire, et lire cet humble catéchisme, ce petit livre « d'un coût si mince, dans lequel, comme parle Bossuet, le moindre enfant de village tient, dans ses innocentes mains, plus de vérités essentielles que n'en bégayèrent jamais ni Platon ni Pythagore. »

J.-B. de la Salle a enfin d'illustres alliances. Il ne tient qu'à lui de donner pour fondement à sa congrégation naissante, avec les lumières des doctes, l'appui des politiques et des puissants. Mais non ; Dieu lui tiendra lieu de tout : n'est-ce pas quand tout est réduit à néant que Dieu se montre et qu'il agit?

Toutefois faut-il à notre saint des collaborateurs? Il ne redoutera pas le dévouement laïc : trois ou quatre fois il tentera lui-même de le susciter; il préludera ainsi à l'institution des écoles normales, précieuses pépinières pour l'enseignement du peuple.

Pourquoi faut-il qu'elles aient dévié de leur primitif esprit, et répudié, comme base de leur enseignement, la doctrine de l'Eglise?

III

Enfin, dans la vie de J.-B. de la Salle, la Providence fait éclore de sublimes contrastes.

C'est au sein des classes aristocratiques qu'elle prend le futur éducateur des pauvres ; c'est parmi les docteurs qu'elle choisit l'organisateur de l'enseignement primaire. Afin de montrer que la science et la religion sont sœurs, que des lèvres consacrées pour prêcher les sublimités du dogme ne se déshonorent pas en enseignant à des enfants les éléments des lettres humaines, elle veut que cet instituteur du peuple soit prêtre et prêtre accompli.

Mais les sacrifices que Dieu demande au futur fondateur des écoles chrétiennes ne s'accomplissent pas sans déchirer dans son cœur les fibres les plus délicates. Un jour s'engagea, dans l'âme de notre saint, une lutte douloureuse et terrible. Il lui sembla voir surgir derrière lui son passé avec tous ses riants souvenirs : les joies de son enfance, les pures et ardentes affections de sa jeunesse, les richesses, instrument facile de sa charité, ces honneurs qui étaient venus le chercher pour le faire asseoir, à quinze ans, dans l'une des stalles de la basilique de Reims ; ces relations distinguées, qui sont l'un des charmes de l'existence, ces frères et sœurs dont il était l'aîné, ses loisirs, sa liberté, toutes ces choses dont le magique tissu avait jusque-là enveloppé et réjoui sa vie. Et en face, l'abjection, la pauvreté, une nourriture grossière.

des travaux incessants, une servitude continuelle, l'étonnement de ses compatriotes, l'opposition de ses proches, un redoutable inconnu. Il pria, et se releva armé de courage et de résolution.

Devenu fondateur et père d'un grand ordre apostolique, il a été, depuis trois siècles, le rédempteur d'âmes innombrables au sein de son pays et sur tous les rivages où ses fils ont ouvert leurs écoles.

L'arbre de sa congrégation est aujourd'hui violemment secoué parmi nous ; des bûcherons impies ont déjà mis la cognée à sa racine.

J.-B. de la Salle est venu le premier remédier aux lacunes que présentait jadis l'enseignement primaire. Toute œuvre géniale dans l'Eglise suscite des imitateurs. D'autres l'ont suivi et peut-être égalé. Mais lui a tracé les voies. Leur gloire à nos yeux se confond avec la sienne.

A Dieu d'en partager les rayons !

SŒUR D'ÉCOLE

La rentrée des classes nous remet en mémoire les exécutions accomplies naguère sur le seuil de nos écoles. Le souvenir n'en périra pas.

Par le concours des Frères, l'éducation chrétienne des jeunes Français était assurée. Celle des petites filles réclamait pareillement ses maîtresses. Et la Providence y avait pourvu. On avait vu surgir dans l'Église ces essaims de vierges consacrées, toutes dévouées à la tâche austère de l'éducation. On les rencontrait, il y a quelques années, dans tous les bourgs et dans tous les villages. Elles avaient nom : la Sœur d'école.

La Sœur d'école est humble parmi les humbles. Pour l'ordinaire, son origine est modeste. Presque toujours, elle était la seule richesse de ses parents, la parure de leur pauvreté, l'orgueil de leur sang. Elle partie, (puisqu'ils ne voulaient, puisqu'ils n'osaient la refuser à son fiancé, le Seigneur Jésus), le dernier rayon de soleil s'est éteint sur les murailles de leur chaumière ; l'hiver de leur vie a commencé, celui que ne devait suivre aucun printemps.

Ont-ils revu leur enfant ? Je ne sais ; en tous cas, sous la robe grise comme sous le voile blanc, ce n'était plus elle, l'allègre jeune fille dans la fleur de la santé et de la joie. C'était la servante de tous, des tout petits garçons, des petites filles, des pauvres, des malades, de l'Eglise et de la sacristie.

Et tandis qu'elle faisait l'école et l'asile, qu'elle soignait les infirmes, qu'elle décorait l'autel, sans le savoir, elle faisait autre chose. Elle faisait de la religion, non pas en théologien, — elle n'était pas docteur — elle en faisait par son exemple, elle montait vers le bon Dieu, non par le chemin des vérités sublimes, mais par celui de la divine charité.

— Moi, disait sur son lit de mort un vieux général, qu'un jeune vicaire un peu timide interrogeait au sujet du symbole, moi, je crois ce que croit la petite Sœur. Je l'ai vue à l'œuvre ; impossible qu'une âme comme celle-là se trompe :

> Elle faisait de la piété et de la pureté,
> Elle faisait de la bonté,
> Elle faisait de l'idéal.

Le peu d'art qui entre dans une chaumière entrait par ses mains. Ce furent ses crimes.

.˙.

Jésus évangélisait. Un jour il appelle du sein de la foule un enfant, le place dans le cercle de ses apôtres et leur dit :

« Quiconque reçoit un de ces petits me reçoit ».

Voilà la parole qui, d'âge en âge, depuis vingt siècles, a suscité dans l'Eglise et fait éclore, au service de l'enfance, des milliers de dévouements comme ceux de la Sœur d'école.

Si des femmes élevées dans les habitudes de

l'opulence et du luxe, si de jeunes vierges capables de briller dans le monde, sacrifient tous les avantages du temps pour s'enfermer avec les filles de l'ouvrier dans une école ou un patronage, c'est qu'elles ont conscience de se dévouer pour un bien supérieur à tout ce qui fait l'ambition des heureux de la terre.

Adopter des âmes faites à l'image de Dieu, accentuer en elles le relief de cette image en leur inculquant les vertus dont le Sauveur nous a donné la leçon et le modèle, former des générations de chrétiennes, qui, à leur tour, créeront des vaillants, gloire et soutien de la patrie ; telles sont les visées de la femme qui passe dans nos rues, la tête voilée par la cornette de la religieuse.

Et voilà celles qu'un gouvernement sectaire a bannies de l'école, dépouillées de leurs biens et réduites à chercher, sur la terre étrangère, un asile et du pain.

· L'éducation donnée par nos religieuses a mis au cœur de la femme française, les vertus qui font son renom dans le monde.

L'institutrice athée et matérialiste nous donnera, elle nous donne, hélas ! tous les jours des liseuses de romans, des femmes divorcées, des filles rebelles à l'autorité paternelle, la déformation, la caricature, dirai-je, de ce qui s'appelait autrefois : « la Société française ».

EN EUROPE : ÇA ET LA

La lutte scolaire n'est pas renfermée dans les limites de notre pays ; elle les déborde fatalement. C'est que la France est faite pour enseigner, ou le bien, ou le mal. Fidèle à sa vocation, elle est le missionnaire du Christ ; infidèle, elle devient celui de Satan, mais elle reste missionnaire toujours. Tous le reconnaissent, bons et méchants, puisque c'est d'elle que tous reçoivent l'exemple et la leçon.

Les idées s'envolent de chez nous. Voilà pourquoi la Franc-Maçonnerie a engagé chez nous la bataille scolaire, certaine qu'elle aurait ainsi, dans le monde entier, son contre-coup. Elle ne s'est pas trompée.

En *Italie*, le mot d'ordre est d'imiter la sœur latine, d'interdire l'école aux congréganistes. Les violents, les aboyeurs du parti, ont ensuite exigé l'enseignement du catéchisme hors de la classe.

Même tactique en *Espagne*. Au delà, comme en deçà des Pyrénées, c'est la presse maçonnique qui conduit la campagne scolaire. « L'Ecole neutre, s'écrie-t-elle, l'Ecole neutre, comme en France ! »

Cette doctrine subversive, le trop fameux Ferrer en avait fait l'un des articles de son catéchisme révolutionnaire, et c'était elle qu'il commentait journellement dans son école moderne.

Les plus vieux mensonges français ont trouvé *sur les bords du Tage* un écho fidèle avec un regain de jeunesse. On y attend les premières vêpres d'une nouvelle *Saint-Barthélemy*. C'est à cette fin, clabaudent les sectaires, que les écoles catholiques exercent leurs élèves au tir à la cible. Les affaires de la monarchie sont ajournées, mais on y avance celles de la répu-blique, en expulsant les congréganistes de l'école, à l'instar, toujours, de Paris, la Ville-lumière !..,

En *Belgique*, le législateur exige une déclaration des parents qui réclament pour leurs enfants l'ins-truction religieuse. Mais soit négligence, soit res-pect humain, ou connivence et complicité, cette dé-claration n'est pas faite. Il en résulte qu'à Bruxelles neuf enfants sur dix sont privés d'enseignement reli-gieux.

Par de là le détroit, .a lutte se poursuit avec des chances diverses. A maintes reprises, le parti avancé a présenté un *bill*, ou projet de loi, contre l'école con-fessionnelle, en faveur de l'école laïque. Mais formi-dable a été l'opposition faite aux laïcisateurs, et le pouvoir s'est montré, dans le maintien de ces droits, inflexible.

A cette guerre universelle contre l'école, dont l'an-cien monde est le théâtre, il est cependant une glo-rieuse exception, et c'est un tout petit pays, la *Hollande protestante* qui en donne l'exemple, en se montrant réso-lument hostile à la neutralité. Un décret du gouver-nement proclame, entre l'enseignement officiel et l'école libre, l'égalité des droits. L'un et l'autre reçoivent, dans une égale mesure, les subventions de l'Etat.

« Avec l'argent de tous, s'écriait naguère un orateur, au Congrès de Malines, il faut subsidier les écoles de tous ! » D'unanimes applaudissements ont salué cette énergique revendication.

Au *Nouveau Monde*, la presse catholique signale, en divers lieux, une recrudescence de vexations dans la lutte contre l'école confessionnelle. Par exemple, si, au Canada, dans la République Argentine et ailleurs, on commence à demander aux instituteurs des brevets attestant leur aptitude pédagogique, ne serait-ce pas chez l'adversaire — espérons qu'il n'en est rien — une habile et sournoise manœuvre, propre à mieux masquer la reprise des hostilités?

Bref, sur mille points de la catholicité, c'est l'opposition, la guerre à l'Église.

Qu'en faut-il conclure? Que l'Église va à la défaite, au désastre? Nullement. La preuve en est que les catholiques sont partout sur la défensive et prennent même l'offensive.

Après tout, la persécution, pour nous chrétiens, est-elle donc chose nouvelle?

L'Église — son histoire dix-neuf fois séculaire est là qui l'atteste — est née, a grandi dans la persécution et la persécution sanglante.

Catholiques de France, ne l'oubliez pas, mais continuez la lutte avec un invincible courage.

Pour vous, en particulier, pères de famille, éclairés, animés, guidés par nos évêques, multipliez vos associations, organisez des comités de défense religieuse, ne laissez pas déchirer les derniers lambeaux de la liberté d'enseignement.

Imitez vos frères les catholiques d'Angleterre, d'Italie du Canada, des États-Unis, de Hollande surtout. Ils bataillent sans peur et sans reproche. A leur exemple, défendez, défendez envers et contre tous, ce que vous avez de plus cher au monde : l'âme de vos enfants!

EN ORIENT

L'école neutre a donné ses résultats, nous ne les connaissons, hélas ! que trop. Elle s'étend et couvre la surface du pays, et, brisant les barrières où la retenait la loi, elle s'émancipe en l'école athée.

Comment ne pas trembler pour l'avenir de la France ! Celui qui écrit ces lignes a parcouru des régions lointaines, à demi barbares.

Désireux de s'instruire et de comparer, il est entré, durant ses courses à travers l'Orient, dans les écoles des infidèles.

Et il en est sorti attristé pour son pays.

En Orient comme chez nous, l'enfant doit tout apprendre. On rencontre partout des écoliers et des maîtres.

A Alep, à Damas, à Tibériade, dans toutes les villes de l'empire du grand Turc, la population juive a ses écoles, le peuple musulman a les siennes.

Ce qu'enseignent à leurs élèves ces maîtres de nationalités diverses, quels livres ils mettent entre leurs mains, je voulus le reconnaître par moi-même. J'entre un jour, accompagné de quelques amis, dans l'une des écoles juives de Tibériade.

Autour du maître, une quarantaine d'enfants sont groupés, accroupis, suivant l'usage oriental. Leur âge va de la sixième à la treizième année.

Ils tiennent en main un livre, ou, plus exactement, une sorte de parchemin. Syllabaire pour les jeunes, il paraît être, pour les adolescents, comme une Somme abrégée que commentera la parole du maître.

Je saisis le volume dans la main d'un enfant. Quel est ce livre? dis-je au maître avec vivacité.

— C'est le Talmud, répond-il tranquillement, le livre de la religion.

Hélas, pensais-je, le livre qui parlerait en France de Dieu dans l'école, serait l'ennemi dans la place.

.˙.

De chez Israël nous passons chez Mahomet. Dans l'école musulmane comme dans la judaïque, rotre apparition excite d'abord quelque émoi; bientôt l'accueil devient sympathique.

La France est toujours tant aimée en Orient, la France des croisades et des missionnaires ! Même question de ma part obtient même réponse. Le premier livre entre les mains du jeune fils de l'Islam, c'est le Coran, le livre sacré chez les Arabes. Comment donner à un fils du prophète un autre livre que celui du prophète ?

Nous sortons. L'expérience est complète; vous devinez mes réflexions en parcourant les rues étroites et tortueuses de la vieille cité juive. Plus heureux est le Musulman que le Français baptisé de nos écoles primaires !

Ainsi, chez tous les peuples, quelles que soient leurs croyances, vraies ou fausses, on a retenu, à travers les pires erreurs, cet axiome religieux qu'un enfant doit tout d'abord apprendre à connaître Dieu, Dieu son créateur, Dieu son souverain, Dieu qui, demain, sera son juge sans appel.

Fallait-il aller jusqu'aux confins de ces régions si

profondément dégradées pour retrouver, affirmée dans l'école, une vérité aussi élémentaire, aussi fondamentale ?

On nous parle aujourd'hui des droits de l'enfant ; si ce chétif, cet adolescent pouvait revendiquer quelques droits, ne serait-ce pas de connaître, avec Dieu, son premier père et son premier auteur, la religion qui l'honore, le livre qui l'enseigne, comme le premier besoin de son cœur est d'aimer sa mère ?

Étouffer l'élan de ces jeunes âmes vers Dieu, leur bien suprême, leur présenter Dieu comme une hypothèse ou un être de raison dont la création et le cœur humain peuvent se passer, n'est-ce pas plus odieux que de leur enseigner l'oubli d'une mère ?

.⁘.

L'Orient, hélas ! a répudié la foi au Christ, et la malédiction pèse sur lui. Elle est comme gravée sur son territoire désolé, sur les pierres qui couvrent ses champs, et les ruines accumulées sur son sol.

Mais, mieux que notre France, fille de l'Église, l'Orient infidèle s'entend aujourd'hui à instruire l'âme de l'enfant, puisqu'à la base de sa formation, il met la connaissance la plus indispensable, puisqu'il enseigne dans ses écoles le catéchisme, la Bible et l'Évangile de ces fausses religions !

Dans le vaste naufrage où ont péri tant d'autres vérités, l'Orient garde ces vérités primordiales, que l'âme de l'enfant est une page blanche, que l'on y écrit à volonté les caractères du vice ou de la vertu.

Que c'est l'éducation et la première éducation qui tient la plume, qui écrit, sur les tablettes du cœur, ces pensées, ces sentiments qui jamais ne s'effacent.

Dieu connu dès le premier âge est un arome conservateur qui ne permet jamais à ce vase humain qui s'appelle un cœur, de laisser évaporer tout son parfum.

Mais Dieu ignoré du premier âge, c'est la vertu et le devoir également inconnus : c'est un vide que ne combleront jamais ni la science fastueuse ni la brillante culture de l'esprit, ni toutes les découvertes des modernes progrès.

L'école laïque peut faire des érudits ou des savants; elle ne fera ni un homme de bien ni un homme désintéressé.

Elle ignorera toujours le pourquoi de la vie, et le lendemain de la mort, le mystère de la douleur, et le mobile inspirateur de la charité.

L'école neutre ignore Dieu, l'école athée le nie! Quelles générations produiront-elles ?

A TUNIS

La France a-t-elle encore une parole? On se le demande avec anxiété à Tunis.

Lors de l'expédition française, en 1881, il fut solennellement stipulé, par la convention du Bardo, que la Tunisie serait à l'avenir, comme par le passé, régie par ses propres lois. La France n'exercerait sur le pays qu'un protectorat. Le Bey restait souverain ; son pouvoir dans toutes les affaires intérieures était absolu. A l'extérieur, la France veillait à la sécurité du pays et administrait les finances.

Et, durant vingt années, la France a loyalement tenu ses engagements ; la monnaie de notre législation n'a point eu cours en Tunisie.

La liberté de l'école, notamment, est demeurée entière. Chacun des peuples répandus dans la régence a élevé ses enfants dans la langue et la tradition nationales : les Tunisiens, en bons mahométans ; les Italiens et les Maltais en catholiques ; les Protestants et les Juifs dans la haine héréditaire de l'Eglise.

Et les Français, qui forment dans la régence un quart de l'immigration, ont à Tunis un lycée de l'Etat ; ils avaient à Carthage, jusqu'à ces derniers temps, un petit séminaire-collège dirigé par les Pères blancs ; ici et là. quelques écoles de Frères, à Sousse, à Sfax, à Bizerte, peut-être ailleurs encore.

Et pour les filles aussi, l'enseignement officiel marchait de pair avec celui des écoles congréganistes.

En face des classes de l'Etat, les dames de Sion à Tunis ouvraient largement leur maison aux fillettes juives ou musulmanes, comme aux catholiques.

Nombre des meilleures familles indigènes confiaient à nos religieuses l'éducation de leurs enfants. Le prestige de la France s'en accroissait d'autant.

Dans le vallon de la Marsa, sous les yeux du Bey et du ministre de France, à Carthage dans un superbe hospice qui regarde la mer, et çà et là dans la régence, les Sœurs blanches, les Sœurs de Saint-Joseph de l'Apparition, s'occupaient des jeunes filles ou hospitalisaient les vieillards; souvent tout ensemble, elles enseignaient et se prodiguaient aux malades.

*
* *

Point de luttes religieuses dans la régence ; aucune plainte formulée contre les congréganistes.

Vingt fois nos résidents généraux, vingt fois les Beys ont rendu hommage à leurs patriotiques services, et il se trouvait une terre où n'avaient point accès les divisions de la Métropole : sur le rivage tunisien, les Français se donnaient fraternellement la main à l'ombre du drapeau tricolore.

Mais le règne de la truelle et de l'équerre n'était point, paraît-il, assez affirmé dans la Régence ; les louveteaux étaient mal préparés à devenir un jour chevaliers Kadosch.

L'on est en train de faire, en Tunisie, un abatis général de nos écoles congréganistes.

Toutes les autres vivront. Ecoles musulmanes, israélites et protestantes, écoles siciliennes et napolitaines garderont leur large autonomie. Elles resteront confessionnelles. Le Coran et le Talmud, le libre examen, ou même les doctrines ultramontaines y seront enseignées.

Seules, les écoles françaises catholiques seront frappées : et sur leurs ruines fleurira, au gré du personnel enseignant, le libertinage d'esprit, prélude du libertinage de conduite.

Que penseront de ce déni de justice et de liberté les nationalités rivales ?

Elles s'en réjouiront.

Que dira, que pensera le Bey ?

Déjà il se dit tout bas que cette première atteinte à la liberté en présage bien d'autres, qu'après l'école, nos maîtres ne tarderont pas à tout révolutionner à Tunis comme en France, le régime fiscal, douanier, économique ; qu'à Tunis aussi, il n'y aura plus qu'une loi, l'arbitraire ; qu'un titre à l'avancement : que le fonctionnaire français produise son diplôme de bon maçon, qu'il présente son équerre et son tablier.

Ainsi pense aujourd'hui Sidi Mohammed-En-Naceur Bey. Mais que faire ? Que faire et que dire devant le loup quand on n'est qu'un agneau ?

.·.

J'eus l'avantage, dans mon dernier séjour en Tunisie, d'être admis en sa villégiature de la Marsa, à l'audience de Mahomed Bey. C'était peu de temps avant qu'il ne devint, par la mort de son père, Ali Bey, souverain de la Régence.

Mahomed Bey rentrait de Paris.

Pour la onzième fois, il venait de toucher le rivage

français. Il m'entretint de ses bonnes relations avec nos Excellences.

Au quai d'Orsay, le ministre de France, un homme si affairé, l'avait honoré d'un court entretien !

Il était manifeste que l'Altesse Beylicale tenait, avant toute chose, à garder la faveur de nos gouvernants.

Le dauphin d'hier est le roi d'aujourd'hui : souverain d'ailleurs plus nominal qu'effectif, quel obstacle opposerait-il à la laïcisation ?

Mais, avec les fils de la France, un très grand nombre d'Israélites, de Maltais très catholiques fréquentent nos écoles.

Va-t-on leur ravir la liberté de choisir leurs maîtres ?

Va-t-on les contraindre à n'entendre les leçons de notre langue que de libres penseurs ou d'athées ?

Va-t-on surtout fouler aux pieds les vœux, les réclamations, les droits de la population française presque tout entière ?

Relisez cette lettre si digne et si forte, adressée naguère à notre ministre des affaires étrangères, par les Français de la région de Bizerte : quatre-vingt quinze pour cent l'ont signée.

Arrêtera-t-on, enfin, l'essor de l'immigration tant désirable pour l'avenir de nos intérêts dans la Régence ?

Si l'enseignement libre a vécu pour la France tunisienne, avec cette liberté qui meurt, c'est le protectorat lui-même qui se transforme et se déforme.

A Tunis comme à Paris, la force aura opprimé le droit, elle aura donné à l'étranger le spectacle d'une France divisée ; elle aura rallumé, dans l'âme d'un peuple volcanique, des espérances pleines de menaces que l'union de la grande nation française eût à jamais éteintes.

LES EXPULSÉS D'HIER

Depuis que la maçonnerie, vautour à la chasse des âmes, a commencé de broyer la France dans ses serres, on s'est mis à légiférer sur l'école et contre l'enfant, et le jour des prix a été souvent un jour de larmes; il a éclairé des adieux déchirants.

C'est le spectacle que donnait naguère à Nancy la belle école tenue depuis quatre-vingts ans par les fils de J.-B. de la Salle, ces vétérans de l'enseignement populaire.

Jusqu'à son dernier jour, l'école de la rue Callot fut glorieuse, glorieuse aussi son annexe de la rue Saint-Léon, pareillement frappée.

Six élèves ont été naguère présentés au brevet, six ont été reçus; cinquante sur cinquante-sept ont obtenu le certificat de premier ordre; cent six sur cent dix-neuf, le certificat de second ordre. Ces récents succès disent assez quelle était toujours, dans ces vieux murs, la valeur de l'enseignement. Et les maisons sont fermées, et les maîtres proscrits. Pourquoi ?

Demandez-le à la franc-maçonnerie, c'est le vrai gouvernement de la France. Elle a juré dans ses loges d'anéantir, dans tout le pays, la dernière trace de l'enseignement chrétien.

Demandez-le au Préfet de Meurthe-et-Moselle. Il s'est fait l'instrument servile des haines maçonniques et des basses jalousies de l'enseignement rival.

Pourquoi les Frères sont bannis ?

Demandez-le surtout à leur doctrine, à leur esprit. Aussi bien et mieux que d'autres, ils enseignent la grammaire, le calcul et la géographie, l'arpentage et le dessin graphique, voire même la leçon de choses, et le manuel civique.

Mais, contrairement à d'autres, ils disent à leurs élèves que la science du chiffre n'est pas toute la science, que ce monde qui se voit et se mesure, n'est pas la seule œuvre sortie des mains du Créateur. Ils enseignent qu'il y a une autre géographie que celle des atlas : c'est la géographie du ciel, immense patrie où des régions différentes s'ouvrent à la diversité des mérites.

*
* *

Ils enseignent que la vie présente n'est qu'un prélude, une ébauche : à la sortie de ce monde, se révèlera la vraie vie. Ainsi le proclamait, dès avant le Christ, la sagesse antique par la bouche d'un Platon et d'un Cicéron. Les Frères apprennent à leurs élèves que la France a vécu avant 89 ; qu'elle a une autre histoire que celle dont la Révolution a écrit les pages sanglantes ; ils disent que la France a tracé dans le monde un très glorieux sillon ; que, fille aînée de l'Église, elle a fait les plus beaux gestes au service de sa mère ; que la séparer de l'Église serait la frapper au cœur et tarir la source la plus féconde de sa vie.

Voilà leurs croyances, leur foi, leur esprit. Voilà les leçons que, sur le désir des parents chrétiens, ils donnaient aux jeunes Français baptisés, grief impardonnable, qui, à Nancy comme ailleurs, les a fait condamner à la barre de toutes les justices maçonniques.

Entre M. Beauchet, maire de la ville, et M. Gervaize, député, Monseigneur de Nancy présidait la fête des prix ; disons mieux, il conduisait le deuil de l'école. Sa Grandeur exprima aux fils de J.-B. de la Salle toute son estime et son admiration, et l'impérissable reconnaissance du peuple nancéien ; puis, mêlant aux remerciements la leçon de l'heure présente, le courageux prélat s'écria : « Les catholiques sont vaincus parce qu'ils l'ont voulu. La liberté est proscrite, la justice écrasée. La victoire de nos ennemis est due à notre indifférence pour les causes les plus sacrées ; elle est faite de nos perpétuelles reculades. »

Et malgré tout, ajoute le grand évêque, dont la confiance ne capitule jamais : « Courage, chers Frères, espérance, et au revoir ! »

Et la foule en larmes s'écoule, méditant ces graves leçons. Puisse-t-elle les comprendre enfin, à la veille de la calamiteuse séparation de l'Église et de l'État, plus justement je dirais, à la veille de l'écrasement de l'Église par l'État !

L'ENFANT, PROIE DE L'ÉTAT

Imagine-t-on ce dialogue :

Au seuil de l'école neutre, une femme chrétienne et un instituteur officiel.

La Chrétienne. — Monsieur, je suis venue vous adresser une prière.

L'Instituteur. — Dites, Madame, les dieux exaucent la prière des mortels.

La Chrétienne. — Monsieur, vous avez mis entre les mains de mon enfant un livre immoral.

L'Instituteur. — Oui, Madame.

La Chrétienne. — Un livre antipatriotique.

L'Instituteur. — Oui, Madame.

La Chrétienne. — Un livre impie.

L'Instituteur. — Oui, Madame.

La Chrétienne. — Vous retirerez ce livre.

L'Instituteur. — Non, Madame.

La Chrétienne. — Mais ce livre fera de mon fils un homme sans mœurs, sans patrie, sans religion.

L'Instituteur. — Justement, c'est ce que je veux en faire.

La Chrétienne. — Et moi, c'est ce que je ne veux pas.

L'Instituteur. — Tant pis, il y a conflit entre la famille et l'État, vous êtes la famille, je suis l'État, je suis le plus fort.

***

Tel est le conflit ; les paroles ne sont pas aussi violentes, les pensées sont aussi hostiles.

On eût dit jadis de ce dialogue qu'il est impossible : aujourd'hui, tout le pays retentit de ces échos. Pourquoi ? parce que l'État moderne élève des prétentions inadmissibles que rien ne justifie.

Prétentions inadmissibles de l'État. L'État n'est pas le propriétaire de l'enfant. L'État n'est pas Dieu. Or, c'est à Dieu que l'enfant appartient ; premier de tous les pères, il a seul allumé dans l'orbite de cet œil la flamme du regard, seul creusé dans cette oreille le canal de l'ouïe. Il a seul assez de trésors, pour combler de joie et d'amour les abîmes, les cavités de ce petit cœur plus vaste que le monde. L'État n'est point père, n'est point mère ; la vie n'a point jailli de ses reins ou de ses entrailles, le lait n'a point gonflé ses mamelles. Il n'a point cousu les premiers langes, conduit les premiers pas, veillé sur les jours fiévreux, vêtu les membres délicats.

L'État n'est pas éducateur, il ne l'est ni en droit ni en fait.

En droit, ce n'est pas sa fonction. Qu'il défende la frontière, c'est sa fonction ; qu'il exerce la police, qu'il appréhende les malfaiteurs, qu'il veille à la sécurité publique, c'est sa fonction. Qu'il ne les franchisse pas, ces limites. Gardien du pays, qu'il n'en franchisse pas le seuil, pour surprendre, dans son intimité familiale, le patient labeur de l'éducation.

En fait, il ne sait rien de ce qu'il devait apprendre, pas même *au nom du Père*, professer la religion. Il les admet toutes, c'est-à-dire qu'il les ignore toutes. Il n'est pas philosophe, il n'est pas historien, il n'est pas juriste, il n'est pas ingénieur, il n'est pas architecte, il n'est pas bijoutier, pas même jardinier, point laboureur, point marin, point soldat.

Alors qu'apprendra-t-il ? C'est un prodigue, sa répu-

tation est plus que suspecte, ses mœurs plus que légè-
res. Nous n'avons pas besoin de ses leçons. Pour les
imposer, il invente un motif si plaisant, qu'il ferait
rire des gens qui pleurent de tristesse ou frémissent
de colère.

Je veux, dit-il, faire l'unité dans l'âme française. Eh,
n'a pas l'unité qui veut. Quelle unité ferez-vous? Est-ce
l'unité dans la vérité? Est-ce l'unité dans l'erreur?
Seule, la vérité est une, c'est le privilège de l'Église.
De cette unité, vous n'en êtes pas. De cette unité, vous
êtes exclu, excommunié.

L'unité dans l'erreur? Mais alors ce n'est plus l'u-
nité. L'erreur est multiple, comme la vérité est une.
Quelle unité prétendez-vous apprendre? Est-ce l'unité
de M. Clémenceau? Elle n'est pas l'unité de M. Combes.
Est-ce l'unité de M. Briand? A quel moment de sa vie
prenez-vous M. Briand? Et parmi ses discours, quel
mensonge choisissez-vous? Hors de l'Eglise, point de
possession de la vérité, point d'enseignement de la
vérité. Donc, point d'unité, point d'entente; la nuit
dans l'intelligence, la négation dans les esprits, des
erreurs qui pullulent, des vérités qui s'irritent, aucune
vision de la paix, et, dans la nuit, le bruit de l'éternelle dispute.

DIEU DANS L'ÉCOLE

Au jour du monde naissant, quand la mère du genre humain contempla les traits de son premier né, elle s'écria dans un transport de reconnaissance et d'amour : « *Possedi hominem per Deum* ». J'ai un enfant, je l'ai reçu de Dieu.

Cette parole dite par la jeune aïeule du genre humain, chaque famille doit la répéter à son tour; tout enfant est un don de Dieu. Et si, pour instruire l'enfant, elle appelle un concours qui complète son impuissance, la famille a le droit, elle a le devoir d'exiger que ses auxiliaires continuent ses religieuses traditions. Bref, si l'enfant passe du foyer domestique à l'école, il faut que l'école soit le prolongement sacré du foyer.

L'école ! C'est depuis un siècle, et à cette heure tourmentée plus que jamais, la question capitale qui se débat dans ce pays entre les défenseurs de l'Église et ses adversaires. Il s'agit de savoir qui, en France, aura l'âme de l'enfant, et, avec l'enfant, la famille, et avec la famille, les générations à venir. Que les Francais ne s'y trompent pas, c'est aujourd'hui, pour leur pays, la question de vie et de mort.

Dans cette querelle engagée autour de l'enfant, souffrez que, négligeant la politique qui passionne et qui passe, j'élève le débat au-dessus des contingences passagères, et je n'envisage devant vous que ces principes nécessaires.

Pourquoi Dieu dans l'Ecole?

Deux voix répondent : celle de Dieu et celle de l'enfant :

Voix de Dieu — Cet enfant est à moi, je possède sur lui un droit souverain.

Voix de l'enfant — Dieu c'est le besoin de ma vie ; tout mon être l'appelle.

I

Le droit de Dieu sur l'enfant : Quoi de mieux fondé ?
Dieu est créateur, donc il est maître de l'enfant ;
Dieu est rédempteur, donc il est maître de l'enfant.
L'enfant est à Dieu créateur.

La statue est au sculpteur, le tableau est au peintre, la toile au tisserand, le fer au forgeron.

Et ainsi dans le droit universel : l'œuvre est à l'ouvrier. Et Dieu aussi est ouvrier, il est un laborieux. N'est-ce pas avec ce caractère qu'il nous est révélé à ces premières heures du monde où les êtres s'éveillent à la vie ? N'est-ce pas lui qui asseoit la terre, creuse les vallées, élève les montagnes, qui couche les océans dans leur lit, et jette, à travers l'immensité, une poussière étincelante d'étoiles ?

Enfin, s'arrêtant dans ses conseils, et mûrissant son œuvre dernière, Dieu pétrit le corps de l'homme d'un peu d'argile, et crée son âme d'un souffle de sa bouche.

*
* *

Toutefois, Dieu ne revendique pas l'usage de son œuvre tout entière. A-t-il besoin de nos fleuves pour laver sa cité bienheureuse ? des fleurs de nos jardins pour l'embellir ? Est-ce la chair de nos animaux, de nos poissons et de nos fruits qui fait ployer ses tables opulentes ?

Sont-ce nos vins qui fument dans la coupe des élus? Non, cette création inférieure, Dieu l'abandonne à nos indigences.

Ce qu'il s'est réservé, c'est le point central de ses œuvres : l'homme, le cœur de l'homme et de l'enfant.

Il est une loi unique et universelle, loi civile, religieuse, politique, éternelle et mondiale. Cette loi, commune à tout le genre humain, dit : Tu aimeras le Seigneur ton Dieu.

Ce qu'elle a dit il y a cinq ou six mille ans, cette loi ne le dit-elle plus? Au cours des âges, Dieu aurait-il abdiqué? Son droit serait-il périmé? Sa possession du cœur de l'homme et de l'enfant serait-elle devenue incertaine et troublée?

Non certes, interrogez tous les peuples, toutes les religions; et la vraie, et même les fausses; elles ont retenu, à travers les pires erreurs, cette parcelle de vérité, que l'homme dépend de la puissance divine.

Certes, le Protestantisme est impie, puisqu'il s'est séparé de l'unité catholique, qu'il a voulu une Église sans pasteurs, ou des pasteurs sans le Pasteur suprême à qui appartient tout le troupeau. Mais le Protestant n'est pas impie dans ses écoles, où il attache le Crucifix et enseigne le catéchisme.

Le Schismatique est impie lorsque, après des discussions confuses sur l'impénétrable Trinité, il a cru penser bien en pensant autrement que l'Eglise, règle unique de notre pensée et de notre croyance. Mais il n'est pas impie dans ses écoles, où les enfants du schisme apprennent à croire, à prier, à vivre.

L'infidèle est impie dans son abominable religion, quand il a fait de ses vices comme autant de dieux, afin qu'en les adorant il adore ses instincts dépravés. Mais il n'est pas impie dans ses écoles. Là, sans la préciser, sans la codifier dans un catéchisme ou la cataloguer dans un symbole — l'erreur n'a point de ces audaces et de ces simplicités — il apprend du moins la religion des ancêtres, le souvenir des morts, la distinction entre le bien et le mal, et la sanction réservée à l'un et à l'autre dans un monde à venir.

Le Juif est impie, lorsqu'il s'en va, voyageur éternel, portant à travers le monde les pierres du décalogue ; mais du moins tu n'es pas impie, ô fils d'Israël, quand, entré dans ton école, tu montres à la race de David, cette pierre — la pierre sacrée du décalogue — qui a précédé l'Evangile, sur laquelle, après tant de siècles, la postérité de Jacob veut encore asseoir et son foyer maudit et sa patrie errante.

Le Musulman est impie, quand il préfère les dogmes luxurieux d'un Mahomet à la virginité de l'Evangile. Mais il n'est pas impie quand, entré dans son école, il ouvre le Coran, et fait lire au jeune fils de l'Islam la parole que Dieu, comme il le pense, a révélée à son prophète.

⁂

Toutes ces nations, toutes ces religions, se sont tour à tour assises et reposées au bord des flots de la Méditerranée. Réfléchissant leurs croyances unanimes dans les eaux du grand lac, elles permettent au voyageur, dans sa course sur leurs rivages, de lire le Crédo de tous les peuples.

A Tunis et à Carthage, sur les ruines d'Athènes et

de Sparte, dans Jérusalem désolée, dans la mystérieuse Egypte qui commence à nous révéler le secret de son passé, partout, et avec quelle émotion, j'ai vu l'enfant, ce fils chétif de la race humaine, entrer à l'école pour y apprendre du moins ce dogme commun à toutes les religions, y vêtir son âme encore innocente de ce dernier lambeau de vérité que Dieu n'a laissé se déchirer entre les mains d'aucun peuple : Le grand devoir de la créature humaine est d'adorer Dieu son créateur.

Ainsi l'enseignent partout à l'enfant, et le Coran, et le Talmud et l'Evangile.

Quoi donc me disais-je :
Taire le nom de Dieu,
Voiler son image,
Écarter son souvenir !
Et toi, peuple de France, tu songerais à proscrire Dieu de tes frontières, à le bannir du regard et de la pensée de tes enfants, et jusque des chefs-d'œuvre de ta littérature.

a) *Taire à l'enfant le nom de Dieu !*
Mais il serait moins ridicule de vouloir éteindre le soleil. Ce nom est écrit sur la voûte des cieux, dans le calice de la fleur, sur les vagues mouvantes de la mer. Je le lis mieux encore sur le front de l'enfant et dans son âme; nom terrible et puissant, si fort et si doux !

b) *Voiler l'image de Dieu !*
Que mettrez-vous sur la muraille pour en couvrir la cruelle nudité? O murailles désolées! Quel tapis

étendre sur la pierre du foyer que ne touchera plus la prière à genoux ? O foyer impitoyable !

Quelle lumière allumerez-vous dans les solitudes de la science ? science sans soleil et sans douceur !

Quelles frontières assignerez-vous à ce monde qui ne se heurtera plus qu'au désespoir et sombrera dans le néant !

.•.

Il me fut donné un jour de visiter l'Orient, ses synagogues, ses mosquées, ses écoles. J'ai vu partout, dans ces pays infidèles, Dieu adoré, la prière en honneur.

Ce lumineux Orient, enveloppé aujourd'hui de tant d'ombres morales, n'a point vu s'éteindre dans sa nuit la notion de Dieu. Jugez de ma stupeur ! C'était au temps où se fabriquaient, au parlement français, tant de lois hostiles à l'Église catholique !

Taire le nom de Dieu !

Alors, et du même coup, vous avez résolu d'effacer l'histoire de la France, de déclarer son passé séditieux, car j'y vois, par suite de sa vocation, resplendir deux fois le nom divin :

Une fois dans ses armes,

Une fois dans ses lettres ou dans sa parole.

Les armes de France, tournées contre les ennemis de Dieu et du nom chrétien, ce fut l'âme même du pays, l'ultime raison de sa politique et de sa grandeur, la première conception de l'empire catholique : Charlemagne, le saint empire romain, le roi très chrétien, le bon sergent du Seigneur Jésus et du Seigneur Pape; le royaume de France, vassal, seule vassalité qu'il connut, du royaume céleste; cela, c'est notre histoire.

Les lettres françaises, cette épée, plus conquérante

peut-être par le génie qui l'inspire, ne s'explique pas sans le nom de Dieu. Sans le nom de Dieu, comment ressusciter l'éloquence d'un Bossuet, le tonnerre tragique, cette scène où Corneille et Racine, par leurs vers immortels, ont parlé et parleront toujours à l'univers ?

Et même, à une longue distance après ces maîtres, comment, sans le nom de Dieu, lire ce qu'un Lamartine, ce qu'un Victor Hugo ont écrit de plus vrai et de plus beau ?

II

Qu'est-ce en effet que l'enfant ?

L'enfant, a dit un évêque de notre âge, c'est un être qui cherche, c'est un être qui monte. Déjà de l'homme lui-même, l'Écriture avait dit : « Il n'est qu'une créature ébauchée, *initium creaturæ* ». Combien plus vrai de l'enfant : l'esprit, le cœur, le corps même, tout cherche dans l'enfant : tout aspire à monter.

Les autres êtres ne cherchent pas ou ne cherchent guère : la pierre ne cherche pas, la pierre ne monte pas. L'animal ne cherche que pour satisfaire un grossier appétit ; cet appétit content, il se couche et s'endort ; l'instinct n'a point d'élévation.

Tout autre l'enfant.

A peine les dernières douleurs éteintes ou endormies, voyez comme il écarte les voiles qui l'environnent. Par ses mains qui veulent saisir toutes choses, par ses yeux qui regardent et si haut et si loin, par ses premières paroles si curieuses du monde et de ses mystères, comme il aspire à s'élever !

.˙.

Où vont ses désirs impatients et confus ? Que cherche-t-il ? L'affection ? la richesse ? la liberté ? la gloire ? le bonheur ?

L'affection ? Mais elle est versée sur son berceau, elle environne sa vie naissante, et plus tard elle ne pourra que tarir ou s'appauvrir.

La fortune ? Que feraient l'or et l'argent dans ces mains qui en ignorent le prix ?

La liberté ! dans un berceau ? dans ce petit être qui ne se meut que dans l'obéissance de tous les instants ?

La gloire ? Quelle chimère ! pour un qui s'élève et domine, combien d'artisans obscurs de sa fortune, perdus dans la foule anonyme !

Le bonheur ? Dérision ! Toujours des désirs rompus, des joies qui s'enfuient, des plaisirs qui meurent, un cœur irrassasié !

Non, non, dis-je, rien de créé, rien de fini, ce qu'il faut à cet enfant, ce qu'il demande tantôt en attirant les choses et tantôt en les repoussant, c'est Dieu. Dieu seul peut répondre à son attente, seul combler les abîmes de son cœur. C'est Dieu qu'il cherche et vers Dieu qu'il monte.

.˙.

Il a besoin de Dieu pour connaître la vérité, non point la vérité historique qui lui apprenne quelles victoires a remportées la France, quels grands hommes l'ont illustrée ;

Non point la vérité mathématique qui lui permette de faire le total de sa fortune, de supputer ses gains, ses revenus ;

Non point la vérité artistique qui lui enseigne à distinguer le beau dans une peinture, dans un marbre sculpté, dans une composition mélodique :

Mais ce bon pain de la vérité morale et religieuse, dont toute âme ressent l'inextinguible appétit, la vérité sur le temps, l'éternité, sur la vie et ses mystères, sur la mort et ses lendemains, sur le bien, le mal, et leur sanction.

L'enfant a besoin de savoir avant tout pourquoi il est sur la terre, si cette vie est la seule dont il doive prendre souci. Il a besoin, dis-je, de connaître la vérité sur son devoir en ce monde, sur son bonheur en l'autre.

Et où donc est cette vérité ?

N'est-ce pas en Dieu, père des lumières, auteur de toute science et de toute sagesse ?

D'où descend-elle ? N'est-ce pas de Dieu par l'entremise de la religion, *a Patre luminum !*

Qui l'enseigne à l'enfant ? Tous ceux qui représentent Dieu ici-bas : le prêtre, la famille, et, hier encore, le maître chrétien.

Étouffer dans l'âme de l'enfant l'aspiration vers la vérité divine, supprimer le moyen de l'en instruire, n'est-ce pas un crime de lèse-enfance, de lèse-humanité ?

Et que deviendra ce jeune athée ? Que serait-il pour la famille ? un égoïste, un fléau. Pour la Société ? un escroc, un anarchiste, un traître.

Vienne à retentir le clairon des batailles ; sera-t-il empressé de courir au-devant de la mort ? se faire tuer, et pour qui ? Pour quoi ? Pour une abstraction. On lui a dit : la Patrie est une chimère, l'éternité, une imposture.

Si du moins vous disiez ces choses au fils du riche, au fils du bourgeois opulent, celui-là trouvera chez lui des précepteurs, des maîtres, de beaux livres, des heures silencieuses et tranquilles sous la lumière du cristal ; il trouvera dans l'enseignement maternel, le plus pénétrant de tous, le contre-poison à vos erreurs.

Mais non, ces choses méchantes, cruelles, vous les dites à celui qui n'a pas de maison, pas de jardin, pas de famille, pas de père pour le prendre sur ses genoux, pas de mère pour distiller goutte à goutte dans son cœur le lait de la piété et de la doctrine. Son père est au travail, sa mère lui a dit : « Va jouer dans la rue avec ceux qui te ressemblent »; et il va, l'enfant des faubourgs et des carrefours, courant, pleurant, riant, battant, battu.... C'est à lui que cette Société marâtre tient ce langage : « Petit, de savoir s'il y a un Dieu, un ciel, une âme, une éternité, ce n'est pas ton affaire à toi, c'est du luxe à l'égard des riches.

» Ton affaire, c'est de peiner comme la bête de somme, de traîner ton fardeau, de frapper l'enclume, de teindre la laine, et, vieux, cassé, brisé, sans espoir, sans souvenirs, sans croyances, de finir sur un lit d'hôpital. »

Un lit d'hôpital ! Voilà le lot fait à l'enfant du peuple déchristianisé.

L'école, l'éducation devait le faire monter, elle le fait descendre Elle devait lui donner Dieu, et avec Dieu, tout ce qui fait la vie de l'âme, et le bonheur du cœur.

Elle l'a déshérité de tous ces biens, et, quand il aura grandi loin de la lumière qui vient du ciel, que lui restera-t-il ? le doute, la négation, le blasphème, le désespoir.

L'enfant fragile et corruptible, deviendra l'homme pervers et corrompu, car l'homme mûr et le vieillard suivront sans hésiter les voies mauvaises où l'adolescent aura marché d'un pas encore incertain.

⁂

Je me souviens, à ce propos, de Jean Chrysostome, le fameux archevêque de Constantinople, de sa parole ou de son apologue.

« J'ai connu, dit-il, un citoyen de cette ville, grand ami des beaux arts ; il avait un bloc de marbre, et il voulait que le ciseau du plus habile sculpteur en tirât une superbe statue. Rien ne lui coûtait pour découvrir cet artiste et pour le récompenser, ni démarches, ni enquêtes, ni prières.

» Cet homme, ce même homme, avait deux enfants : un fils, une fille. Que fera-t-il, direz-vous, pour découvrir sous le vêtement de leur corps, une belle âme, une âme virile, une âme chrétienne ? Que de peines, que d'inquiétudes ! Nullement, cet homme n'a cure de ces marbres vivants ; maîtres ou maîtresses, il les reçoit du hasard, n'étant préoccupé que de son morceau de pierre. Eh quoi ! s'écrie le grand archevêque, tant de soucis, tant de démarches, pour tailler un bloc inanimé ! Tant d'incurie et d'indifférence pour façonner l'âme d'un enfant, une âme vivante et immortelle ! »

A Dieu ne plaise que jamais vous encouriez un même reproche. Votre négoce et votre fortune, votre santé, tout ce qui mérite votre application, vous en serez justement jaloux. Vous le serez surtout de l'éducation et de l'âme de vos enfants ; à l'heure de les confier aux mains d'un maître ou d'une maîtresse qui achèvent l'œuvre de votre tendresse, à cette heure, la foi et l'amour vous dicteront le meilleur choix : des maîtres chrétiens, chrétiens dans leur vie, chrétiens dans leur enseignement ; car, en chacun de ces enfants baptisés, la foi et l'amour vous feront découvrir l'image trois fois sainte du Dieu trois fois saint, tout le prix du sang de Jésus-Christ, un frère des anges, un candidat de l'éternité !

———

Adolescence : le Collège.

Adolescence : le Collège.

LES HUMANITÉS

Il est facile d'observer une étroite connexion entre la pensée et la parole. A vrai dire, elles ne font qu'un. On ne parle pas sans penser; on ne pense pas sans parler, Ou du moins, la pensée. qui n'a pas formulé son verbe intime ou ne naîtra jamais ou n'a point fini de naître.

Talleyrand a dit que la parole a été donnée à l'homme pour travestir sa pensée Mensonge élégant d'un sceptique. En vertu d'une harmonie éternelle, les noms répondent aux choses et les menteurs ne mentent pas autant qu'ils voudraient.

On appelle les Humanités : lettres humaines, *humanæ litteræ* : nous traduirions aujourd'hui surhumaines, *humaniores litteræ*. Pourquoi humaines ? Parce qu'elles forment l'humanité dans l'homme, parce qu'elles sont un instrument d'éducation. Apprendre à bien parler, à bien penser, à bien juger, à exprimer les choses avec leurs nuances au moyen des langues anciennes dont la difficulté même nécessite le travail, c'est former son intelligence, l'ouvrir et l'élargir.

On dit encore *Ingenuæ litteræ* études qui sont le noble apanage de l'homme libre ; qui forment l'homme distingué.

Mais le plus beau nom dont on ait décoré la science du langage est celui de bonnes lettres : *optimæ litteræ*, disaient les anciens. Pourquoi ? elles expriment ce qui dépasse la portée ordinaire ; elles ont je ne sais quoi d'exquis, d'élégant, de cultivé ; de leur nature elles sont polies, discrètes ; elles enseignent ce qui ne s'enseigne pas, le tact, la mesure, le sens exact des choses.

Bonnes lettres : Ce titre glorieux lui convient surtout au sein du christianisme. La religion en effet transforme les lettres en les cultivant ; elle imprime à la science du beau le caractère vénérable de la sainteté. Les lettres, en poliçant l'esprit du jeune homme, doivent aussi le rendre plus vertueux. C'est là leur privilège le plus excellent, sans lequel elles ne seraient qu'une vaine parure et un ingénieux mensonge.

Certes, je ne veux pas médire des sciences exactes. des mathématiques. Je sais qu'elles ont de glorieux disciples, qu'elles aussi sont humaines, et utiles à l'humanité. Néanmoins, elles ne mériteront jamais ce délicat hommage de l'adjectif. On ne dira point : la belle chimie, la physique plus humaine, la bonne géométrie. Non cela ferait rire et sourire.

Il y a donc au fond des études classiques comme une âme mystérieuse, comme une vie secrète, la raison intime d'un culte et d'une tendresse que quelques-uns comprennent encore sans pouvoir l'exprimer.

* *
*

La poésie est un don, je ne l'ai pas reçu. L'éloquence, une conquête : j'ai essayé de l'entreprendre. L'instrument de cette conquête, c'est la plume. Il faut lire, il faut étudier, mais surtout il faut écrire. Je n'ai pas assez compris cette parole « que la plume est pour un humaniste l'instrument de son supplice. »

Elle oblige l'esprit à s'expliquer, à se préciser. Sans elle la pensée flotte quelque temps dans les nuages, puis elle disparaît à l'horizon. Sans elle, les meilleures idées ne donnent point tout leur rendement; elles n'ont point leur armature; on est incapable de les soutenir et de les conduire. On est dominé par elles peut-être, on ne les domine pas.

Un de mes amis qui est un exemple sous ce rapport remplissait avec une seule phrase une page et plus. Dans ses beaux jours de prédication, c'était sa manière de tenir son auditoire haletant, et comme on dit avec une grande vérité d'expression, suspendu. Or, ce n'est pas l'improvisation qui révèle le secret de ces incises, de ces degrés, de cette marche ascendante : c'est la plume, par son patient travail.

Quand on écrit, quand on apprend, on peut ne pas réussir; l'échec est toujours moins lourd, on n'en porte pas l'entière responsabilité, il est amoindri, la pensée ne se répète pas, on ne s'éternise pas, on sait où finir.

Et l'improvisation? Je crois peu aux improvisations. Comment dire bien ce qu'on ne sait pas bien? Il y a des fontaines qui jaillissent, oui, mais quand elles ont amassé leurs eaux. Les fleuves d'éloquence ont leurs réserves profondes; les bons improvisateurs leur ressemblent. Est-ce que les maîtres n'ont pas écrit? — Tous.

LA QUESTION DU LATIN

Pendant des siècles, les humanités et le latin ne se séparaient pas. Faire ses humanités, devenir plus homme, c'était apprendre le latin, se perfectionner dans la connaissance du latin, entrer en relations avec les vieux Romains. On n'aime plus le latin à notre époque ; on ne le parle plus, son parfum est dissipé, on lui préfère l'anglais, l'allemand, les langues vivantes ; elles sont plus utiles à la guerre, au commerce, aux voyages.

On demande quel est, quel peut bien être l'utilité du latin. Tel qui interroge est peut-être incapable d'entendre ou de comprendre la réponse, d'autant qu'on est loin de récuser la valeur des raisons qu'il allègue. Oui, le latin est inutile au commerce, au champ de bataille, au salon. S'il s'agit de former un honnête homme, d'ouvrir l'intelligence, d'affermir le jugement, c'est autre chose.

Le latin est la langue de la *sagesse* et de la *mesure*. Rome a conquis le monde antique, moins par les armes de ses légions que par les conseils de son Sénat. Elle était ferme, robuste, saine et judicieuse, cette langue qui dictait des ordres à l'univers : on aime cette pensée qui s'enferme en termes concis et précis, ce robuste bon sens qui rejette tout ornement comme indigne de sa vigueur et de son éclat. Peu de sourires chez le latin, peu d'atticisme. Le fin sourire et l'esprit sain dans l'art sont l'apanage de la Grèce.

Rome n'amuse pas les peuples, elle les conquiert.

Tu regere imperio populos, Romane, memento.

Rome doit la justice au monde, la guerre à qui l'offense, la paix à qui lui est soumis.

Le latin est la langue du *droit.* Il lui a donné ses formules les plus exactes et les plus solides. C'est sur ses bases que repose le droit moderne. Nos jurisconsultes, ainsi que nos médecins ont parlé comme les Romains.

C'est la langue mère et maîtresse de l'italien, de l'espagnol, du français, c'est-à-dire des races latines. Elle a présidé à leur naissance, elle a guidé leurs premiers pas, elle supporte encore la charpente de leur littérature. Pour les bien connaître, il faut la connaître elle-même. Une langue est un monument : comment séparer le faîte des murailles, et les murailles de leurs assises ?

Même de nos jours, le mérite du latin n'est pas entièrement méconnu. Il serait piquant de rechercher, parmi nos députés et nos ministres, les noms de ceux qui ont emporté les premiers prix des concours généraux.

Mais on n'apprend bien le latin que chez les Latins et par l'étude de leurs chefs-d'œuvre. Un marchand suffit pour apprendre l'anglais, un soldat pour l'allemand, un artiste pour l'italien. Pour le latin, seuls un Cicéron. un Horace, un Tite-Live livreront leurs secrets. Et voilà la raison de ces exercices variés, multiples, de ces versions, thèmes et vers latins ; de ces imitations qui ouvraient une langue pour en pénétrer la saveur, en ravir la substance, et, en quelque manière, disséquer son âme.

* *

La Rome des empereurs est devenue celle des pontifes ; le latin est surtout la langue de l'Église, la langue de la théologie et de la doctrine. Elle sert de vêtement aux mystères, aux dogmes, à la prière. C'est en latin que l'Église célèbre l'auguste sacrifice de la messe, qu'elle engendre ses enfants à la foi par le baptême, qu'elle bénit les époux, qu'elle consacre ses ministres, qu'elle aide les agonisants dans leurs suprêmes combats, qu'elle intercède pour les morts ; en latin que les offices liturgiques sont célébrés dans tout l'univers catholique.

Le latin demeure pour l'Église un précieux héritage, cultivé avec amour. Dans le passé, elle a sauvé les lettres antiques, et elle n'a cessé d'en nourrir l'intelligence de ses enfants. Quand le monde romain est tombé, elle a recueilli tout ce qu'il avait de bon, et elle le conserve avec un soin jaloux. On l'a dit avec raison, l'Église est catholique, mais elle est aussi romaine. Elle a été plantée par Dieu à Rome. Le latin est sa langue historique, officielle, scientifique, toujours vivante. Catholiques, nous souhaiterions que la même foi parlât dans tous les pays du monde la même langue. Pourquoi chercher ce que nous possédons ? Non seulement tout ce qui est chrétien, mais tout ce qui est cultivé, tout ce qui est lettré, parle la langue latine, balbutie tout au moins quelques-unes de ses syllabes. Un honnête homme, comme on disait au xviie siècle, n'oserait, sur ce point, excuser son ignorance. La connaître, la parler, en lire les chefs-d'œuvre, c'est appartenir à l'aristocratie des intelligences, c'est remonter jusqu'à la source lointaine peut-être, mais réelle, des chefs-d'œuvre de l'esprit humain. La mesure, la sagesse, le bon sens, le tact littéraire, sont romains avant que d'être italiens, espagnols ou français.

« S'il est vrai qu'il existe ce qu'on a appelé les génies nationaux, a écrit Brunetière, le nôtre, à nous, Français, est d'être et de demeurer latins, latins de cœur, latins de goût, latins d'esprit, latins de langue et latins de pensée. » C'est un immense service patriotique à nous rendre que d'y rester fidèles, et l'académicien qui disait et écrivait cela était en droit d'ajouter : « Je ne sais trop si nous pourrions cesser d'être latins; mais ce dont je ne puis douter c'est que nous cesserions en même temps d'être des Français. »

L'Église ne reniera pas ses antiques traditions. Vainement des dilettanti et des académiciens se déclarent prêts à immoler le grec et le latin. Vainement, l'Université elle-même se laisse peu à peu envahir par les tendances modernes. L'Église tient bon, elle garde pour elle-même et pour ses prêtres l'enseignement classique. Dans ses petits séminaires, elle explique à ses futurs lévites les chefs-d'œuvre de la sagesse humaine. Elle a sauvé ce précieux patrimoine dans le passé. Elle le protège dans le présent.

Elle le maintiendra dans l'avenir. L'Église vit de traditions. Elle admet tous les progrès, mais elle sait que le présent et l'avenir sont faits du passé. Donc, quoi qu'on fasse à côté de nous, les vieilles et bonnes traditions ne se perdent pas chez nous. L'Église estime grandement l'enseignement classique, elle ne l'abandonnera jamais :

L'ÉDUCATION D'HIER

Nos religieuses sont parties.

Maintenant que leurs œuvres se meurent, j'examinerai volontiers ce que furent ces œuvres et ces ouvrières.

Autre temps, autres mœurs.

L'ère des grandes Moniales n'est plus. Le sceptre est tombé des mains des antiques abbesses, filles des leudes, sœurs des rois, reines encore sous la bure.

Ils ne sont plus qu'un souvenir, ces cloîtres qui recevaient les grandes disgraciées de la Cour, et donnaient un asile aux larmes illustres.

Cette vie religieuse est devenue très moderne, très bourgeoise ; parfois même, elle est descendue au-dessous de la petite bourgeoisie, recevant les filles des villages et celles des artisans.

Il le fallait bien pour suffire aux rudes besognes des communautés hospitalières ou enseignantes. Nous parlerons ici de ces dernières, plus cruellement frappées.

D'où sortaient ces femmes aujourd'hui proscrites, quel idéal elles avaient conçu de leur mission, comment elles s'y préparaient, et quels services elles rendaient au pays : nous voudrions le dire en quelques lignes.

Ces nobles exilées sortaient de partout, de la ville et des champs, du château et de l'usine, des rangs de la bourgeoisie et des salons aristocratiques. Mais les plus humbles maîtresses comme les plus en vue, avaient conscience de remplir la même mission : elles formaient des âmes. Des âmes, c'est-à-dire des chrétiennes attachées au devoir et attentives à la voix de la conscience ; des âmes, c'est-à-dire des épouses et des mères dont l'exemple et l'influence produisent les fortes générations, soutiens de la famille et rempart du pays. A l'œuvre éducatrice, pour les unes, quelle meilleure préparation que d'avoir grandi à l'ombre d'un foyer laborieux ? pour d'autres, quelle meilleure garantie de dévouement que d'être nées dans l'aisance et la richesse ?

*
* *

Elles ont entendu, dans la voix des traditions familiales et jusque dans la voix du sang, les généreux appels à cette vie faite d'oubli de soi-même et de sacrifice.

Un jour, un rayon tombé sur leur âme leur a révélé le faux éclat du monde ; elles ont compris qu'il valait mieux guider vers le ciel des enfants de Dieu, que poursuivre dans l'égoïsme leur satisfaction personnelle.

Ces dispositions premières à la vocation de l'enseignement ont été cultivées et perfectionnées par les exercices et les épreuves auxquels la vie religieuse soumet ses aspirantes. De cette double initiation, de la famille et du cloître, est sortie une légion de maîtresses éminemment propres à former les jeunes âmes.

Aussi, depuis trois siècles, la femme française grandie à l'école de l'Eglise a été la gloire de son sexe ; elle a paru aux yeux du monde parée de toutes les distinctions de l'esprit et du cœur.

Voyez-la au foyer : elle comprend que là est son domaine, elle répand dans l'âme de ses enfants les bienfaits qu'elle-même a reçus de l'Eglise ; bien élevée, elle devient à son tour une merveilleuse éducatrice.

Voyez-la à l'eglise : elle y remplit les vides laissés par les hommes ; elle prie pour la conversion des êtres chers qui oublient Dieu ; sans elle la France aurait vu s'éteindre, au siècle dernier, la dernière étincelle de son christianisme.

Voyez-la dans les rues de nos cités : elle n'a pas, comme la fille de l'anglo-saxon, la démarche cavalière et le regard légèrement effronté, mais elle est digne et réservée, comme il convient à la femme élevée par des vierges chrétiennes.

Voyez-la dans les œuvres de charité : riche, elle donne de sa richesse et ne dédaigne pas de paraître au chevet de l'indigent ; pauvre, elle se donne elle-même.

Vienne la guerre ou l'épidémie ; la femme chrétienne rivalisera de dévouement avec la sœur de charité.

Voyez-la dans les salons ; elle n'a pas conquis jadis les brevets et les diplômes, idéal de la cliente de l'école officielle ; mais elle a plus de bon sens, elle déploie plus de connaissances utiles, sa conversation a plus de charme, et son tact lui gagne le cœur de tous.

Ce n'est pas une pédante ; c'est une femme ornée des connaissances qui lui conviennent et qui ne veut pas sortir de la sphère d'action assignée à son rôle providentiel.

Mettéz-lui la plume à la main ; elle aura plus de style que la savante façonnée par l'enseignement de l'État, et, s'il nous plaisait de comparer les résultats des deux écoles, nous verrions que presque toutes les femmes qui ont laissé un nom dans les lettres, sont sorties de nos couvents.

* *

Nous n'en excepterions pas ce romancier tristement célèbre, qui fût, au siècle passé, un remarquable écrivain, et qui eut nom « Georges Sand ».

L'éducation chrétienne nous donnait des mères esclaves du devoir, des ménagères économes, l'orgueil et la joie de leurs maris.

L'éducation officielle nous donnera des médecins, des avocats, des savants en jupons, si elle ne nous donne pas en très grand nombre des actrices, des acrobates.

L'éducation d'hier a fait ses preuves ; la France lui doit son patrimoine de gloire, car elle lui doit ses mères, et, par les mères de famille, ses hommes de bien, ses savants, ses héros et ses saints.

Qu'on remonte à l'origine de chacun d'eux : on verra une femme chrétienne semant dans l'âme de son fils les germes de sa grandeur future. C'est une mère, presque toujours, qui dirige les premiers pas de l'enfant vers le but sublime où l'homme mûr atteindra. Nous avons lieu de douter que la France nouvelle rêvée par les pontifes de la franc-maçonnerie s'élève à la hauteur de celle que nous avons connue.

L'ÉDUCATION DE DEMAIN

L'œuvre de destruction de la franc-maçonnerie se continue; avec une fureur croissante, elle étend ses ravages à travers l'enseignement libre.

Les journaux donnaient récemment l'effrayante et invraisemblable statistique des ruines; 24.000 maisons auront été fermées dans un délai de deux ans par simples décrets, sans l'intervention d'aucune loi.

Prenons pour exemple l'éducation des filles à Nancy : la Doctrine Chrétienne, la Sainte-Enfance, Saint-Charles, toutes les communautés enseignantes se sont vues frappées dans plusieurs de leurs maisons. Frappés aussi et fermés, l'externat et le pensionnat du Sacré-Cœur ; l'externat est vendu, le pensionnat mis en vente, les dernières de ces dames nous quittaient le 31 juillet ; le Sacré-Cœur à Nancy n'est plus qu'un souvenir.

Les rares maisons épargnées n'échapperont pas au désastre. Bien naïf qui espérerait qu'un tardif remords ramenât un peu d'humanité dans l'âme féroce du président Combes. Le diable ne se convertit pas ; les chefs de l'œuvre satanique, non plus.

Mais alors une question se pose : Qui va succéder à ces maîtresses éminentes? Elles élevaient une notable partie de la jeunesse française. Qui recueillera leur héritage? Rassurez-vous : les loges ont tenu leur convent ; tout a été prévu.

Voyez-vous, chaque jour, ce régiment de fillettes à l'œil hardi, à la marche garçonnière? une serviette sous le bras, elles sillonnent les rues de notre cité.

Qui sont-elles? D'où sortent-elles? En vue de quel avenir sont-elles préparées? Quels services promettent-elles au pays?

Ces jeunes filles fréquentent l'école primaire supérieure. Là, on les façonne pour la Normale....

La grande école, à son tour, en fera des savantes et des penseuses libres.

Elles seront saturées d'algèbre et de chimie, de physique et d'histoire naturelle, voire même d'histoire de France, mais étudiée à la lumière des immortels principes.... sous l'inspiration d'un Michelet quelconque, un Michelet au petit pied.

La science! la science! C'est la grande ambition à la Normale.

Même la littérature et la poésie, si amies de la jeune fille, sont reléguées au second plan.

Le travail de l'aiguille, nos jeunes savantes le dédaignent.

La religion, elles l'ignorent. On laisse au seuil de l'école cette superfétation.

Un âge, un siècle, fut, parmi nous, plus que les autres, grand par les hommes, grand par les femmes.

Les législateurs de l'éducation des filles et ses oracles s'appelaient Fénelon et Madame de Maintenon.

Oracles démodés! Législateurs vieillis!

Avec un sourire de dédain, ils sont bannis des régions officielles.

Que font à nos jeunes péronnelles les vertus des femmes du grand siècle?

Comme châtiment, elles ignoreront, ces futurs arbitres du goût, cette belle langue de Racine et de Madame de Sévigné. Leurs esprits desséchés ne goûteront jamais ce français si français retrempé par de Maistre à ses sources catholiques et rajeuni par Louis Veuillot.

*
* *

Franchement quelles institutrices promettent ces jeunes filles à la France du xxᵉ siècle?

Elles étaient nées, pour la plupart, dans les conditions les plus modestes.

La religion les eût relevées; au contact du Divin, tout un monde d'idées nouvelles eût enrichi leur indigence native.

Déshéritées de la religion, découronnées de la piété, le plus grand charme de la femme, avec la modestie en moins et la sotte prétention en plus, quelle confiance inspireront-elles jamais aux familles?

Libre-penseuse et sceptique, cette jeune maîtresse hésite sur les questions les plus essentielles à l'orientation de la vie.

Interrogée, elle patauge misérablement là où, du bon sens éclairé par la foi, eût jailli la lumineuse réponse.

Osera-t-elle, par crainte des parents et des mères, se faire l'écho, devant ses jeunes élèves, de blasphèmes qui retentissent à Nancy, devant des auditrices de quinze à dix-sept ans.

Répétera-t-elle que Dieu n'est qu'un postulat? L'âme pensante, une matière organisée? La distinction du bien et du mal, une convention acceptée entre les peuples de temps immémorial, l'immortalité une chimère? tout au plus un souvenir impérissable dans la mémoire des hommes???

.˙.

Voilà qui s'enseigne, parmi nous, ou se donne à entendre, et c'est l'histoire que j'écris.

L'Université n'a point de doctrine. Elle le confesse.

Ses nourrissons ne boivent pas tous à la même coupe, sur les bancs des lycées; plus d'un, parmi ses maîtres et ses maîtresses, empoisonne la jeunesse qui l'écoute; devant les problèmes les plus redoutables, il pose le fatal point d'interrogation.

Déjà, dans notre enseignement quelle déchéance !

Et demain, quelles ruines, grand Dieu !

Quand, la liberté d'instruire étant officiellement supprimée ou équivalemment, l'Université sera seule à parler à la jeunesse française.

Avouons-le : la franc-maçonnerie est habile.

Elle rêvait d'extirper le christianisme de l'âme de la France.

Elle a laïcisé l'école, elle a supprimé brutalement les congrégations.

Le secret est infaillible.

Le grand philosophe Leibnitz a pu dire : Pour « réformer un peuple il suffit de réformer l'éducation.

De même, pour pervertir la nation française, il aura suffi de pervertir l'éducation, d'y tuer l'esprit chrétien par l'extinction des maisons qui en étaient les foyers, des maîtresses qui en furent, depuis trois siècles, les ardentes propagatrices, les infatigables semeuses.

ÉLÈVES DES JÉSUITES

Une accusation s'est formulée jadis; elle revient périodiquement dans certaines feuilles aux tendances catholiques, et dans certains milieux bien pensants. On a reproché aux religieux, particulièrement aux Jésuites, de n'avoir su ni faire de leurs élèves des hommes de caractère, ni susciter une génération de lutteurs, en vue de la persécution actuelle.

Par suite de cette lacune ou de cette erreur, la campagne dirigée contre l'Église n'a point rencontré en eux des adversaires déterminés.

La responsabilité des Jésuites est grave. Leur clientèle, c'était l'élite du pays; ils avaient sa confiance, ils avaient son estime, les dons occasionnels de sa fortune au besoin; et quand il a fallu des hommes, on nous a donné des communiants! La parole a été écrite. Les ouvriers n'ont pas été incriminés. On est unanime à le reconnaître. Personnellement, les Jésuites furent hommes de dévouement et de zèle. Sans aucune arrière-pensée d'intérêt propre, ils embrassèrent une carrière toute d'abnégation, uniquement pour servir la religion et la patrie. Leur vertu est hors de cause, mais ils n'ont qu'imparfaitement réussi à préparer leurs élèves aux épreuves et aux douloureux devoirs de l'heure présente.

Un tel reproche va-t-il droit à son adresse? Est-il certain que cette débilité de caractère, qui fut réelle, il faut bien le reconnaître, fut imputable à la formation donnée par des maîtres qui, dans l'art d'instruire la jeunesse, ont acquis quelque renom ?

Je n'ai pas diminué l'objection. Je l'ai plutôt armée de termes excessifs, et que nos adversaires les plus loyaux ne signeraient pas tous et en tout.

Voici ma réponse.

L'échec n'est pas si complet. L'armée, la magistrature, la science, l'Église ont compté des âmes vaillantes, qui furent ou qui sont l'honneur de l'éducation donnée par les Jésuites : magistrats descendus noblement de leurs sièges pour protester contre d'iniques décrets, soldats, officiers, qui ont brisé leur épée en brisant leur cœur, prêtres, religieux, qui ont éteint, dans l'humilité d'une vie pauvre et obscure, l'éclat du nom ou de la fortune.

Pourquoi ne pas se souvenir de ceux-là ? Que tout homme qui sait voir porte les yeux à chaque point du territoire.

En outre, les Jésuites ont eu à combattre deux influences souvent néfastes : celle du temps où ils vivent ; celle des familles avec lesquelles ils collaborent.

Notre temps a tout ensemble, pour être un éducateur excellent, trop de mollesse et trop d'orgueil. Il a perdu le sens des choses élevées en perdant celui des choses divines. Pourquoi exiger des Jésuites qu'ils ne soient pas de leur siècle, qu'ils n'en ressentent pas les indigences, et n'en respirent pas la contagion ? Que non seulement ils s'en défendent eux-mêmes, mais qu'ils en défendent leurs élèves ?

En outre, ils reçoivent ceux-ci trop tard, et ils les abandonnent trop tôt.

Ils les reçoivent trop tard : à dix ans, douze ans peut-être, il y a longtemps, dirait de Maistre, que l'être moral est formé en eux, achevé, observait-il, vers la sixième année. Exagération, je le veux bien ; les habitudes, tout au moins, sont déjà prises. La piété, l'obéissance, la délicatesse de cœur et leurs contraires se sont traduits par des actes répétés. L'être humain, dis-je, est engagé dans le chemin qu'il suivra.

Et cet enfant, reçu trop tard, ses maîtres l'abandonnent trop tôt. Vais-je me contredire ? Non pas ; si l'être moral a fini, en quelque manière, sa première éducation, l'être intellectuel la commence à peine. On ne pense guère avant dix-huit ans ; on ne lit guère sérieusement, on n'écoute guère avant dix-huit ans, la parole des hommes qui exercent sur l'opinion publique une sorte de magistrature. Ecrivains, journalistes, orateurs parlementaires, philosophes, ceux qui parlent au pays, quelle que soit leur formation, pour l'ordinaire ne recrutent pas leurs disciples parmi les collégiens.

Que ne s'adresse-t-on pas à l'Université pour avoir des hommes, des consciences et des intelligences !

Or, par un cruel malheur, cette Université est hostile entre les mains de l'État. L'étudiant, ancien élève des Jésuites, trouve, au sein des grandes Facultés, des maîtres plus soucieux de le faire avancer dans les sciences, de lui ouvrir les riantes perspectives de la renommée, que de lui inculquer l'abnégation et la vertu.

Souvent leurs principes et leurs doctrines seront le contre-pied des austères leçons de l'Évangile ; dans les âmes neuves de leurs disciples, ils effaceront, avec les impressions de la foi, le sentiment du devoir.

Ajoutez, pour les fils de famille, les entraînements du plaisir, dans une société qui a fait du mot « jouir » le synonyme de « vivre ».

Ajoutez l'influence des écoles supérieures sans Dieu. Voilà ce qui détruit l'œuvre de l'éducation religieuse.

Fragile encore en des âmes adolescentes, cette œuvre se fût consolidée, au sein des Facultés catholiques, à Lyon, à Angers, à Lille, à Paris. Mais des parents même chrétiens ne semblent pas soupçonner l'existence de ces grands foyers de lumière et de vérité offerts par la sollicitude de l'Église au jeune homme pour y achever le noviciat de la vie.

Après l'influence du temps, l'influence de la famille; on n'élève un enfant ni sans la famille, ni contre la famille.

Point de loi sans exception; mais en général dans les familles riches, dans les familles aisées, au sein de la bourgeoisie, l'enfant est la victime d'une éducation molle. Il ne veut rien souffrir; on satisfait à tous ses caprices. Il devient volontaire. Or, il faut qu'on le sache, la précoce indépendance ne fait pas l'homme, elle le défait, et il n'est pas un maître chrétien qui ne le proclame : cette absence totale de sévérité dans l'éducation première est une plaie de notre époque.

« Ce qui gêne l'enfant le fortifie, » a écrit Joseph de Maistre. Et Brunetière : « L'idée de quelque contrainte fait partie de la notion même de l'éducation. On a épargné à l'enfant toute gêne et toute souffrance; Qu'en est-il résulté ? Il était, en arrivant au collège, mal préparé à devenir un chrétien militant. »

Cette influence de la famille persiste au collège. Est-ce pour soutenir l'œuvre éducatrice de celui-ci ? N'est-ce point parfois pour la combattre, pour l'énerver, pour l'amollir ?

Arrivent les vacances, toute une série de vacances nouvelles. Les influences qui avaient amolli l'enfant, le ressaisissent au foyer familial; elles détruisent, pendant deux ou trois mois, l'œuvre commencée par l'éducation virile du collège. Qui est le coupable ? Sont-ce les religieux ? Quand enfin voudra-t-on le comprendre ? On est trois pour élever un enfant : l'enfant lui-même, la famille, le collège. Vainement celui-ci ferait-il ce qu'il faut pour conduire son œuvre à la perfection, si la famille vient contrecarrer son influence et rendre son effort impuissant.

Je n'insiste pas sur ce point, il serait douloureux.

Vais-je cependant battre ma coulpe sur la poitrine du prochain sans reconnaître chez les Jésuites un seul déficit ? n'ont-ils rien à regretter ? n'ont-ils rien à apprendre ? S'ils reviennent un jour dans leurs collèges, ne feront-ils que ce qu'ils ont fait sans rien changer à leurs méthodes, rien à leur discipline ? Je ne le pense pas, et une telle parole serait une offense à leur égard. Mieux avertis des périls de ce siècle, de ses erreurs, de ses besoins dans l'ordre physique, dans l'ordre moral, ils regarderont mieux dans l'enfant, l'homme qui doit en sortir. J'imagine qu'ils lui feront plus de muscles par une éducation physique plus forte, plus de nerfs par la vision des luttes nécessaires. Il sera un combattif. Il sera un être social sachant que les aînés de la famille humaine, ceux qui ont plus de richesse, plus de naissance, plus de savoir, doivent se dévouer à leurs cadets. C'est toute la pensée, et, si l'on veut, toute la philosophie de ces pages, philosophie classique, chrétienne, française. Et l'on comprend que nos pères, en élevant des collèges, croyaient élever une citadelle à la défense comme à la beauté de la cité tout entière.

———

COLLÈGES DE FILLES

Il nous revient que certains Conseils municipaux catholiques se prêtent avec une étrange complaisance à l'agrandissement des lycées de filles. Attachés de cœur à l'enseignement religieux, ils n'auraient garde de faire instruire leurs propres enfants dans ces écoles, pépinières d'athéisme, et ils sont prodigues des deniers publics pour ouvrir largement, à la jeunesse féminine, de telles sources d'empoisonnement social. C'est toujours, chez les catholiques, la même aberration : ils font, inconscients, le jeu de leurs ennemis, ils prêtent aveuglément les mains à un système qu'ils réprouvent. Vous vous dites conservateurs, soit, quand le serez-vous comme il faut ? Chrétiens par la croyance et souvent par la pratique, quand cesserez-vous d'aider à peupler des maisons où s'élabore la déchéance morale de la femme ?

Dans la ville de Nancy, siège un Conseil qui, tout entier, se prétend traditionaliste. Il vient de voter, pour la seconde fois, l'agrandissement du lycée de filles, fondé depuis peu. Déjà, l'année dernière, il avait fait construire, aux frais de la ville, une somptueuse succursale. Est-ce pour cela, écrit judicieusement le *Journal de la Meurthe*, que 10.000 électeurs nancéiens ont renversé l'ancienne municipalité, pour lui substituer le Conseil actuel ? Assurément non, et, en votant cet agrandissement, ce dernier a trahi le mandat qu'il a reçu de ses électeurs.

Cette mesure, dit-on, est la suite d'une convention avec la Préfecture. Les Frères devaient quitter leurs écoles au 1er octobre 1907. Les Frères resteront une année encore, deux années peut-être, et le lycée de filles recevra, en échange, un accroissement qui durera toujours. Ainsi donc, un groupe de nos adolescents, à Nancy, gardera momentanément ses maîtres chrétiens, mais, par un marché détestable, de nombreuses générations de jeunes filles seront à jamais soustraites à l'influence de l'Église. Pour illusionner les parents, on les conduira le Dimanche, celles du moins qui le demanderont, à la messe de leur paroisse, mais, le lendemain, au cours de morale, — une morale très immorale — on leur enseignera que Dieu est un être hypothétique.

Et pourquoi, dans l'enceinte réservée de leurs classes, les maîtresses libres-penseuses garderaient-elles aucun ménagement, quand, aux distributions de prix, les discoureurs officiels se donnent publiquement libre carrière ?

Chaque année, du haut de l'estrade, des Messieurs désignés en haut lieu, s'en viennent pérorer à ces fêtes universitaires et jeter à la face de l'Église, l'insulte et la calomnie.

C'était hier, le maire d'Aurillac, le docteur Fesq, qui félicitait les jeunes filles du cours secondaire d'être affranchies, par l'enseignement du lycée, de l'ignorance et de la superstition cléricales. Tout le discours n'est qu'une agression outrageante contre le catholicisme. Il est écrit, dit un témoin lettré, en un français, ou, si l'on veut, en un charabia pédantesque et abracadabrant qui ne fait honneur ni à l'esprit, ni à la science de l'orateur auvergnat.

Et nos conseillers municipaux chrétiens votent, ici

èt là, des fonds pour la construction et l'agrandissement de telles officines d'athéisme. Et des dames
chrétiennes honorent de leur présence ces solennités
blasphématoires!

Quand donc les fils de l'Église feront-ils le vide autour
des créations de l'État sans Dieu? et quand parlera-
t-on de nous rendre nos écoles et nos maîtresses catholiques? Celles-là ne coûtaient pas un sou aux munici-
palités, et nos fillettes y étaient élevées dans la science
qui leur convient : l'amour de Dieu et la pratique du
devoir.

L'éducation ne se proposait pas autre chose jusqu'au
jour où la franc-maçonnerie régnante a conspiré de
corrompre la femme française.

La jeune fille a-t-elle besoin d'un si lourd bagage
scientifique?

Est-on si satisfait des premiers résultats de ce fémi-
nisme, article importé d'Amérique, qui prétend faire
de la femme l'égale de l'homme, lui donner la même
instruction, lui conférer les mêmes droits, l'investir
des mêmes fonctions publiques? Nos maîtresses religieuses ne cultivaient-elles pas suffisamment l'esprit de
leurs élèves?

N'instruisaient-elles pas la jeune fille française d'une
manière plus conforme à son caractère et à son rôle
social? Elles ne chargeaient pas ses facultés délicates
d'un amas de connaissances indigestes et incohérentes.
L'étude de la religion chez elles tenait le premier rang.
Elle remplaçait, avec avantage, je pense, la chimie
et le manuel civique. Les leçons de maintien et de
bonne tenue étaient préférables à tant d'exercices du
corps ; car il s'agit de faire de nos jeunes filles non
des gymnastes ou des athlètes, mais des femmes respec-
tées et des chrétiennes consciencieuses.

Jusqu'ici, tous les peuples de l'Europe portaient envie à la distinction de la femme française. Allons-nous la découronner de sa plus belle auréole, la modestie et le dévouement inspiré par la foi ? Est-ce là le but de nos édiles catholiques, empressés de développer ces institutions néfastes qui s'élèvent sur les ruines de nos maisons religieuses ?

AU LYCÉE

La franc-maçonnerie poursuit son plan infernal.
Aumôniers, curés, religieuses et bonnes Sœurs, tous
ouvriers d'une même œuvre, recevront même salaire.
Partout où l'État franc-maçon est maître, ils seront
impitoyablement bannis. Plus de prêtre à Saint-Cyr,
au Borda, dans les écoles d'Arts et Métiers. Au Maroc,
où hier ils se faisaient tuer pour la France, nos petits
soldats le réclamaient en vain.

Restaient les lycées. Oserait-on, dans les lycées, supprimer le ministre de Dieu ? N'allait-on pas heurter le
sentiment public, jeter l'alarme dans les familles ?

La franc-maçonnerie ne recule jamais. Mais qui sait
mieux tendre un piège, saisir une opportunité ? Les
maîtres du jour se sont dit : les classes sont rouvertes,
nos lycées ont reçu leur contigent : leur enfant caserné,
les parents accepteront tout.

Et sans retard, aux proviseurs des lycées de France,
le grand Pontife du temple universitaire, M. Briand a
écrit. Ces Messieurs, couverts de leurs conseils,
étaient priés d'aviser par quelle mesure hypocrite ils
fermeraient enfin au prêtre les portes des lycées. C'est
fait. Les émoluments des aumôniers sont rayés du
budget. C'est le prêtre officiellement supprimé, c'est la
religion officiellement abolie.

Afin d'atténuer le coup pour les familles, un vicaire
de la paroisse voisine ira, en toute hâte, entre un
baptême et une inhumation, faire le catéchisme aux

élèves de moins en moins nombreux, qui s'obstineront à rester cléricaux. C'est un acheminement vers la destruction de l'enseignement chrétien.

Et de fait, pourquoi un aumônier dans les lycées? Pourquoi, dans ces officines d'athéisme, un cours de religion? Comment l'État irréligieux cultivera-t-il, dans l'âme du collégien, des doctrines que la haine officielle poursuivra demain partout où se portera son activité d'homme?

Le ministre de Dieu parmi tout ce personnel de l'État était un hors-d'œuvre, c'était un contre sens ; il devait disparaître.

*
* *

Demain, l'homme noir ne sera plus qu'un importun souvenir. Voilà donc des milliers de jeunes Français arrachés aux mains du Christ, et jetés à la voracité du Minotaure universitaire ! Armé de science religieuse, le jeune chrétien se défendrait un jour contre les mille ennemis de sa foi. Il serait habile à parer leurs coups, courageux à se raidir contre les scandales. Mais, l'aumônier disparu, quelle armure le protégera contre les doctrines diplômées, qui, chaque matin, minent sourdement la religion de son enfance?

Trop de pères, hélas ! se souciaient peu de l'instruction donnée par le prêtre. Faire de leur fils un bachelier, un avocat, un médecin, c'était toute leur ambition. Mais, indifférents pour eux-mêmes, ils ont vu avec effroi où conduit la suppression de toute éducation religieuse. Ils ont reconnu, devant cette floraison de crimes qui pullulent, que la conscience est l'unique frein capable d'arrêter l'homme à l'heure de commettre un forfait; que la religion est l'unique lumière qui nous montre le chemin droit à travers les obscurités de la vie.

Que de mères verseront des larmes de sang, en voyant s'éloigner le ministre de Dieu, leur fidèle lieutenant dans l'œuvre de l'éducation chrétienne.

L'aumônier à la chapelle, la Sœur à l'infirmerie, c'était, pour le cœur de la mère, une sécurité quand, loin d'elle, son enfant était subitement saisi par la maladie.

Douloureux pensers pour une âme française! La criminalité grandit, l'anarchie est aux portes, elle est au cœur du pays; le patriotisme disparaît, et laisse la place au hideux égoïsme. Du même pas s'en vont le dévouement, l'oubli de soi, le respect de l'autorité. La religion seule pouvait les maintenir. Qu'importe que la France croule, que les Français deviennent un troupeau de bêtes. De tout cela, le gouvernement n'a cure. Il lui faut un pays fabriqué à son image, une France d'athées, de matérialistes et de viveurs.

La suppression des aumôniers est un nouveau pas dans l'apostasie officielle qui pousse la France vers sa ruine.

Ce ne sera pas le dernier.

COMMENT ON FORME
L'AME DE NOS JEUNES FILLES (¹)

Le sol de notre France est semé de monastères en ruines. Les cloîtres sont détruits, les voûtes des églises effondrées. Mais la nef dévastée des sanctuaires garde ses tombeaux. Sur la dalle tumulaire sont gravées une mitre, une crosse, une croix épiscopale.

En traversant ces décombres, en foulant ces débris, votre souvenir se reporte à ces temps où l'evêque présidait au chœur environné de ses religieux, et le mot célèbre vous revient en mémoire : ce sont les évêques et les moines qui ont fait la France; ils ont béni son berceau, protégé sa croissance; ils l'ont défrichée, civilisée, illustrée.

Et nous aussi, voyageurs par la pensée à travers nos provinces, de Bayonne à Dunkerque et de Brest à Toulon, nous apercevons la terre de la patrie — la patrie des âmes — déjà jonchée de bien des ruines. C'est l'œuvre accomplie par le génie du mal.

Mais en face de l'impiété, de son effort qui jamais ne se lasse, nous voyons incessamment aussi se lever, pour le combat, la légion des apôtres, et, à leur suite, toute une armée d'actives ouvrières, travaillant, qui

---

1. Ce discours a été prononcé en juillet 1901, au pensionnat de Notre-Dame, à Lunéville, pour le cinquantenaire de la mère Marie Fourier, supérieure. Il montre dans son plein épanouissement une de nos maisons religieuses, berceau des meilleures espérances du pays, l'un de ces foyers où se trempait la plus noble partie de son âme, l'âme de nos jeunes filles, cette parure et cet orgueil de notre sol.

par la prière et qui par les œuvres, à seconder l'action des soldats de l'Eglise.

Ce sont les saintes épouses de Jésus-Christ.

J'ai rencontré, sur la route de mon apostolat, une cohorte de ces vaillantes.

Je voudrais, en passant, m'incliner devant elles avec mes respects émus.

Je viens lui dire : Cher Couvent de Notre-Dame, n'aie pas peur, aie confiance. Déjà, tu as vécu et travaillé trois siècles ; ici même, tu combats depuis cinquante ans. Le passé te répond de l'avenir. Retourne-toi et vois : dans l'histoire ou le drame de ton passé, deux actes : *Vézelise, Lunéville.*

Là-bas, comme ici, la Providence est avec toi : à Vézelise, elle crée, sauvegarde ou ressuscite ; à Lunéville, elle communique à l'œuvre ancienne une vitalité nouvelle, elle l'élève à son apogée.

C'est ce magnifique enchaînement des pensées de la Providence s'affirmant dans ses bienfaits, que je désirerais découvrir ou plutôt rappeler à ce brillant auditoire, à ces âmes sympathiques et amies, si Dieu et son serviteur Pierre Fourier voulaient bien me prêter assistance.

Et si quelqu'un me demandait, je me le demande à moi-même avec confusion, ce que je suis pour oser interpréter ces hautes leçons du gouvernement providentiel, je répondrais par l'humble et confiante parole de saint Augustin, se disposant à parler des premiers apôtres de Jésus-Christ : *Auctoritas ejus portat infirmitatem nostram.* J'abrite ma faiblesse sous le prestige de ce Couvent de Notre-Dame et de son glorieux passé. »

Comme les hommes et les peuples, les cités ont leur histoire. Elles naissent, grandissent, montent parfois jusqu'à la gloire; puis elles penchent vers le déclin, et, là où rayonnaient le dévouement, le génie ou la foi, là où la vie s'épanouissait ardente et féconde, la mort reprend ses droits et pousse ses conquêtes contre la vie.

Regardez; sur ces collines où s'étageait une cité fastueuse et remuante, se dérobe aujourd'hui une humble et silencieuse bourgade.

Telle fut, dans l'ancienne France, le sort de vingt cités princières.

Telle aura été, dans notre Lorraine, la destinée de l'antique capitale du Vaudémont, Vézelise.

Vézelise est assis, au centre du pays lorrain, à égale distance de Nancy, Lunéville et Mirecourt. Caché dans un val étroit et encaissé, abrité par la sainte montagne de Sion, il est rafraîchi par les deux ruisseaux, l'Uvry et le Brénon, qui promènent en silence leurs eaux mélancoliques autour de son enceinte.

On entre aujourd'hui dans Vézelise par l'ancienne porte de Nancy, e' l'on aperçoit les derniers vestiges du manoir féodal longtemps séjour favori des comtes de Vaudémont, ces grands batailleurs qui se vinrent asseoir sur le trône des ducs de Lorraine, après les avoir autrefois vaincus et faits prisonniers.

Aux jours de sa puissance, en 1627, la petite cité

princière avait appelé dans ses murs les filles de
Notre-Dame, récemment fondées par un saint prêtre,
Pierre Fourier, et une vierge vénérable, Alix le Clerc.
Elles se dévouaient à l'éducation chrétienne et gra-
tuite des petites filles ès villes, bourgs et villages.
Elles leur enseignaient à *lire, écrire, besogner de
l'aiguille et l'instruction chrétienne.*

Dès la première heure, Dieu signale sa Providence
sur la jeune famille.

Il a résolu de doter Vézelise d'un couvent de Notre-
Dame. Au chevet de la fondatrice mourante, la vénérable Mère Alix, il amène la duchesse Marguerite de
Gonzague, belle-mère de Charles IV, duc de Lorraine.
De cette entrevue suprême la duchesse emportera une
émotion si vive, qu'elle ne prendra nul repos avant
d'avoir introduit au sein de la petite capitale les filles
d'Alix et de Pierre Fourier.

C'est à Vézelise d'ailleurs que reposent le père et
la mère du bienheureux fondateur. N'est-ce pas
trouver sûrement le chemin de son cœur que de lui
demander un essaim de ses filles pour distiller, auprès
de ces chères tombes, le miel excellent de leurs
prières et de leur travail ?

.*.

Mais à peine la nouvelle famille installée, commence, pour l'infortunée Lorraine, une longue suite
de malheurs.

Son duc alors régnant, Charles IV, brave jusqu'à la
témérité, ne possède, hélas ! aucune des qualités, des
vertus politiques que réclame l'heure périlleuse où il
apparaît sur la scène.

L'Europe traversait alors la dernière période de l'effroyable guerre qui l'ensanglanta trente ans. La Lorraine était l'enjeu de cette émouvante partie. Un prince avisé, circonspect, se fût bien gardé de la jeter dans ce conflit des puissances. Charles IV l'y précipita. Imprudent par nature, provocateur par occasion, il devient perfide par faiblesse. Déjà il a provoqué les redoutables colères de la France. Qu'importe qu'il donne, de ci, de là, de brillants coups d'épée. Est-il diplomate à balancer le génie d'un Richelieu, à déconcerter ou à fléchir sa politique ombrageuse et vindicative? Luttera-t-il d'habileté ou d'astuce avec un Mazarin? Comment échapper aux mains d'un Turenne? A la puissance formidable d'un Louis XIV? Aussi, feuilletez son histoire, elle n'est qu'un drame sanglant.

Charles IV a vu la Lorraine quatre fois envahie par les armes françaises; il l'a vue en proie aux fureurs de Gustave Adolphe et des hordes protestantes; il a vu l'empire, la France et l'Espagne se heurter dans des combats de géants, puis vainqueurs et vaincus, ses alliés comme ses ennemis, se tourner contre la malheureuse Lorraine et renverser le lendemain ce qu'ils avaient protégé la veille. Il a vu Nancy, sa capitale, prise et reprise, pillée, saccagée ; toutes ses places fortes démantelées, et sur son sol ruiné d'hommes et d'argent, épuisé par les exactions de son propre souverain, s'abattre les plus terribles auxiliaires de la guerre : la famine et la peste.

.•.

Parmi tant de fureurs guerrières, comment faire fleurir l'éducation, cette chose si éminemment pacifique?

Elle a fleuri cependant chez les filles de Pierre Fourier. La petite nacelle de Notre-Dame, violemment ballottée durant la longue tempête, n'a pas été submergée. Dieu l'a conduite à travers les écueils, sa main l'a soutenue sur l'écume des flots. Grâce à cette assistance, un demi-siècle après sa fondation, la communauté repose sur des bases solides, elle a dilaté son enceinte, elle compte de 30 à 40 religieuses ; elle élève dans des écoles sagement conduites et un pensionnat largement ouvert, la plupart des enfants de la ville et une élite de jeunes filles du pays circonvoisin.

C'est dans ce paisible couvent que se façonnent, par les mains de la religion, ces femmes fortes qui seront nos aïeules. Là, on lit à cette vive jeunesse, on commente l'immortelle page des Proverbes où l'Esprit Saint, d'un crayon si sûr, a esquissé les devoirs et les vertus de la future chrétienne : *Mulierem fortem quis inveniet?*

Il y a 3.000 ans que la Sagesse divine a tracé ce portrait, il semble d'hier, tant il demeure actuel.

La jeune vierge, puisant la grâce à ses sources vives, la prière, les sacrements, alimentera en elle-même cette foi pure, cette charité vraie, qui font l'âme supérieure aux pensées vulgaires, aux préoccupations frivoles, aux désirs égoïstes ; elle se formera à cette piété candide et forte qui met le dévouement au cœur de la femme et l'auréole à son front.

La piété voit en Dieu non pas un maître mais un père ; elle le sert non par crainte mais par amour. Elle est le tout même de l'homme et du guerrier, disait magnifiquement en ces jours-là Bossuet au fils de Louis XIV, combien plus le trésor de la femme dont le cœur élevé par la religion est si facilement ouvert à tout sentiment délicat.

Sur cette première assise, la jeune fille élèvera tout un édifice de savoir modeste, d'habileté dans le travail à l'aiguille — *digiti ejus apprehenderunt fusum* — d'esprit d'ordre et d'économie. Elle saura un jour faire reluire à son foyer tant d'aimables vertus, et de cet intérieur si plein d'attrait, elle-même sera la plus précieuse, la plus gracieuse parure. Les voyez-vous, ces jeunes filles reçues derrière les grilles, gardées, selon les mœurs du temps, et élevées à la façon monastique? La vie religieuse n'énerve point les âmes, elles emporteront du couvent et de la clôture, large mesure de dévouement et d'amour qui se donne et se dépense, de fermeté douce et d'inaltérable patience.

A cette éducation protégée par les grilles, aux habitudes de sévère vigilance et d'activité intellectuelle qu'elle met en honneur, des légions de femmes du monde devront le parfum de leur esprit, le sérieux aimable de leur caractère et la trempe solide de leur foi. *Quæcumque sunt vera, quæcumque pudica, quæcumque sancta, quæcumque amabilia.* Tant de femmes éminentes qui ont été le charme du xviie siècle en eussent été le salut si le xviie siècle avait pu être sauvé du malheur d'engendrer le xviiie!

· · ·

Dans un couvent de Notre-Dame, tout s'éclaire de la pensée de Notre-Dame, son image sourit partout comme son souvenir. Elle est avec Jésus le premier mot de tout livre, *in capite libri,* elle préside à toute science, elle enseigne toute vertu, facilite tout devoir, embellit tout sentier. C'est la Mère admirable et la

Vierge fidèle, c'est l'étoile du matin pour les âmes qui commencent le voyage de la vie.

O Congrégation de Notre-Dame, quelle belle part fut la vôtre dans ces vertus que virent éclore, aux siècles passés, nos villes lorraines et nos campagnes ! La réclamer serait justice, car c'est bien sous le rayonnement de votre cœur et le labeur de votre main, que le sol des âmes a donné sa plus riche moisson.

Après Notre-Dame enseignant en Lorraine et en France, viendra la Visitation, viendront, rivalisant de zèle, les Ursulines et les Sœurs de Notre-Dame de Bordeaux. Mais c'est la gloire réservée de la famille de saint Pierre Fourier, d'avoir ouvert les premières écoles pour l'instruction des filles. A l'heure où le *bon Père* de Mattaincourt crée ses religieuses éducatrices, à l'heure où naît cet Institut, enfant promis à tant de gloire, le 25 décembre 1597, à minuit, au pied de la crèche et de l'autel, rien de semblable n'existe encore en Lorraine, rien en France.

*.
*

Mais le pays est prêt.

Avec une rapidité prodigieuse, la ruche mère va essaimer. Le bon Père mourant, dit son naïf historien, reposera son regard sur trente-deux beaux monastères sortis de la petite bourgade, les uns peuplés de soixante et dix filles et la plupart de quarante.

A la veille de cette Révolution à qui Dieu laissera le redoutable pouvoir d'amonceler les ruines, ils seront 90. La terre de Lorraine en est émaillée comme une prairie de ses fleurs. On les compte, à Nancy, Saint-Mihiel, Saint-Nicolas, Verdun, Bar-le-Duc, Mirecourt, Epinal, Dieuze, Lunéville, ailleurs encore.

A Lunéville, les religieuses de Notre-Dame tiennent école, et *plissent les aubes* des chanoines réguliers, pasteurs de la paroisse, qui les ont appelées et accueillies en frères. A peine installées, elles reçoivent, écrit le bon Père « *force écolières* ». Elles vivent très pauvrement, et donnent les plus beaux exemples de vertu : n'est-ce pas déjà le plein exercice de l'apostolat ? Pour Lunéville, ce ne sera qu'une préparation et un prélude ; nous sommes en 1700. Vézelise a prospéré depuis près d'un siècle. Il lui reste 80 ans d'existence paisible.

Mais une œuvre de Dieu peut-elle se poursuivre longtemps dans la paix ? Celle-ci a vu de près le terrible fléau de la guerre, elle a entendu gronder ses menaces ; atteinte par plus d'un éclat de ses jeux sanglants, elle a dû longtemps cicatriser ses blessures.

Mais il faut qu'elle touche le fond des abîmes, qu'elle sente le froid de la mort ; et ce ne sera que sortie vivante du tombeau qu'elle s'épanouira avec une fécondité jusqu'alors inouïe. La Révolution l'a ruinée ; la Providence la ressuscite, elle lui rend la vie sur son premier théâtre, à Vézelise ; mais ce n'est pas là que devra se dérouler la seconde et la plus brillante phase de son histoire.

Nous revenons à Lunéville.

A l'heure où Lunéville ouvre ses portes aux émigrées de Vézelise, la vieille cité n'est pas sans gloire.

Soixante-dix ans de guerre l'avaient ruinée ; le règne réparateur de Léopold l'a reconstruite et embellie. Ce prince y éleva le somptueux palais des Ducs. Au siècle dernier, Stanislas tenait à Lunéville — le Versailles de la Lorraine — sa Cour polie et brillante. Gens de littérature et de philosophie ont disparu ; mais la ville qui leur fut si courtoisement hospitalière garde ses splendeurs ; elle montre avec orgueil son Champ de Mars, les superbes Bosquets, la magnifique église Saint-Jacques, autrefois Saint-Remy, où l'ancien roi de Pologne se plut à faire revivre les souvenirs de sa première patrie : de ces créations princières Lunéville est paré comme d'autant de joyaux ; on les admire même après les magnificences de Nancy, Nancy la royale.

Situé sur les confins de la Lorraine et de l'Alsace, aux portes des Vosges, en faciles relations avec le Luxembourg et les provinces rhénanes, le couvent lunévillois de Notre-Dame verra ses élèves lui venir de partout. La lointaine Angleterre, l'Italie et l'Autriche, et plus encore la Suisse, auront en permanence au Grand-Ménil leurs colonies studieuses. Plusieurs de ces jeunes filles adopteront la France pour patrie et Notre-Dame pour famille, et fixées à Lunéville par la vie religieuse, sœurs des mères qui les ont élevées, elles y enseigneront avec distinction leurs langues maternelles.

Que dirai-je enfin ? l'air vivifiant des bois, le grand souffle des montagnes, font du nouveau pensionnat un séjour des plus salubres. Sous ces belles charmilles, à l'ombre de ces voûtes monastiques, sanctifiées naguère par les fils de saint Benoît, les âmes s'épanouissent.

Tout est à l'espérance; après tant d'orages subis, Marie, l'étoile des mers, sourit à ses enfants. Comme une troupe de mariniers appareille en chantant, ainsi la barque virginale s'élance avec joie vers l'avenir; un poète dirait qu'une brise heureuse enfle sa voile !

Et pendant ce temps, Dieu travaille dans le silence; il prépare ses rameurs pour les passes difficiles, les vents contraires et les nuits de tempêtes qui déchirent la voile et faussent le gouvernail.

∴

C'est d'abord un prêtre de grand cœur et de grand zèle, ayant la passion, la hardiesse du bien; pour y courir, au besoin brisant l'obstacle.

M. Gridel, arrivé à Vézelise en 1848, Supérieur de la communauté, a vite compris qu'à des temps nouveaux répondent des aspirations nouvelles. Depuis sa restauration, en 1824, le couvent vézelisien végète ; il s'éteint doucement, comme ceux qui ont trop travaillé, comme la plante qui a trop fleuri. Le nouveau Supérieur résout le transfert, il l'obtient de son évêque, l'emporte comme de haute lutte, et l'opère à travers mille obstacles. La parole loyale de Monseigneur Menjaud lui-même le félicitera de la sûreté de son coup d'œil et de son initiative hardie. Le

Prélat se promenait un jour dans les jardins du Ménil, suivi de toute la communauté ; montrant la maison déjà prospère : « Mon ami, dit-il à son grand vicaire, voilà votre plus belle œuvre. »

Après M. Gridel, l'auxiliaire de l'ouvrier divin, c'est la Mère Séraphine, cette femme si grande dans ses volontaires abaissements. Elle abdique de plein gré la première charge entre des mains qu'elle estime plus habiles ; heureuse du dernier rang, elle reçoit, à la porte du pensionnat, les familles qu'hier encore, elle accueillait dans les salons de la Supérieure.

Ce sont deux autres Mères, don insigne de Paris à Lunéville, demandées au grand couvent des Oiseaux par la Mère Séraphine elle-même. Ornées de qualités brillantes que le commerce du meilleur monde avait affinées, elles seront bientôt désignées par la confiance de leurs Sœurs et par l'estime publique, pour les premières charges du pensionnat.

Mère Vincent, âme d'une trempe énergique, est élue Supérieure ; Mère Victorine, vertu plus douce, devient Assistante et Préfète : gant de velours sur main de fer, elle tempérera l'austérité de son ardente Supérieure, et, de cet heureux mélange de qualités diverses, naîtra le parfait gouvernement.

Ces vraies filles de Pierre Fourier découvrent à Lunéville des trésors qu'elles avaient ignorés. Elles lisent avec l'empressement de la piété filiale les Constitutions de leur Bienheureux Père. Dans ces pages vénérables est consigné, depuis trois siècles, tout ce que notre âge de lumières croit avoir inventé. Elles forgent ces armes de bonne trempe que l'esprit laïc a frauduleusement dérobées à l'Eglise et qu'il tourne aujourd'hui contre elle.

Elles y trouvent la gratuité de l'enseignement, DIEU dit le saint, *devant être notre unique salaire et payeur.*

Elles y trouvent et l'inspection des classes et les examens et les diplômes pour les maîtresses. Le prudent législateur exige que toute religieuse appelée  à instruire, soit diligemment examinée par la Mère Supérieure, exercée à cet art délicat. Il a, lui aussi, ses inspectrices : pour les petites écoles, la Mère intendante, la Mère préfète pour les pensionnats.

Et le système d'émulation, le promoteur de l'enseignement primaire ne l'a-t-il point connu, lui qui voulait dans les écoles *le banc de la victoire et le banc pénitencier*, lui qui n'attend, pour replacer la pénitente au banc d'honneur, que *quelque petite vaillance.*

Stimuler les jeunes ambitions, les mettre souvent aux prises, le saint avait emprunté ce secret à ses premiers maîtres, les Jésuites de l'Université de Pont-à-Mousson. Qui ne le sait ? Les fils d'Ignace inaugurèrent au terme de l'année scolaire ces solennelles distributions, après eux mises partout en honneur.

.·.

Il était réservé à notre siècle, a écrit Monseigneur Péchenard, de connaître, pour la première fois depuis que le monde existe, un système d'éducation de l'enfance et de la jeunesse, qui n'eût point la religion pour base.

La religion, reine des sciences, est aussi le code de nos devoirs les plus sacrés. Tous les peuples du monde, qui, à l'exemple de Pierre Fourier, l'avaient maintenue à la place d'honneur dans la formation de l'enfance, se trompaient apparemment; il était urgent de bannir de l'école ce monument d'obscurantisme. Notre enseignement public a biffé la religion de ses programmes; il lui a substitué, pour les petites filles de village, avec les nouveautés étranges de *l'instruction civique, les notions de droit et d'économie politique.*

. La reine Hortense, devant Napoléon Ier, redoutait de paraître savoir un seul mot de droit. Après le saint, qu'eût pensé l'homme de génie de l'école neutre et des trouvailles de l'instruction laïque? De quelles colères vengeresses il eût poursuivi un tel mépris du sens religieux en pays de France, un tel outrage jeté au sens commun de tous les peuples.

Voulant élever des chrétiennes, le fondateur de la Congrégation de Notre-Dame prescrit qu'on leur enseigne à *lire le latin,* la langue de l'Eglise.

Voulant former des mères, il rappelle que, *qui élève une fille, élève toute une famille.*

Sachant que les impressions du jeune âge sont ineffaçables, il souhaite que *l'on prenne la jeunesse dès la sortie du berceau pour la sevrer soigneusement du péché et arroser son cœur d'influences de la vertu, au même instant que le lait cesse de rafraîchir ses lèvres.*

N'est-ce pas, sous d'autres noms, la pratique de l'école maternelle ou de l'école enfantine, ce prétendu triomphe de la pédagogie moderne, *cette riante préface d'un livre qui aura tant de pages sévères.*

.˙.

Toutes ces leçons du bon Père, Lunéville les verra mises en œuvre par les dignes héritières de son esprit et de son zèle. Qu'ajouter encore ? Après l'humble Mère Séraphine, ce sont les Mères des Oiseaux, leurs éminentes vertus, relevées par le prestige d'un talent égal, qui ont fait la fortune du pensionnat renaissant. Il compte, à leur arrivée, vingt pensionnaires à peine. L'humble flot va monter d'année en année; bientôt ce nombre sera plus que doublé.

Les Mères de Paris stimulent le travail, donnent l'essor aux études ; sur la base de l'esprit ancien, elles rajeunissent, elles modernisent programmes et méthodes. L'affection des familles est pleinement acquise; un corps de jeunes maîtresses habiles et vertueuses justifie la confiance et appelle les succès. A Notre-Dame de Lunéville, quand la mode le voudra, on moissonnera dans la modestie, brevets, diplômes et parchemins.

Tout, d'autre part, a pris dans la Maison un aspect plus digne. La vie religieuse anime toutes choses de sa grande allure et les règle sur le noble battement de son cœur. M. Gridel avait demandé la suppression des grilles. Les grilles demeurent supprimées, suivant l'usage adopté dans d'autres couvents de Notre-Dame, à Paris, à Gray, à Strasbourg. Ce qu'avant tout le saint fondateur a voulu faire, ce sont des institutrices : à cette fin, tout sera subordonné. « L'intention première et principale des filles de Notre-Dame, a-t-il écrit, fut d'instruire la jeunesse; puis, elles ont demandé, pour vivre plus saintement, d'être religieuses, de peur que l'on ne pensât qu'elles étaient premièrement religieuses, et auraient par après demandé des écoles. »

La Mère Saint-Vincent a gouverné la maison de Lunéville durant neuf ans, la Mère Victorine près de trois années. En moins de douze ans, ces deux éminentes religieuses ont transformé un état précaire en une situation florissante. Cependant, pour ces vaillantes ouvrières aussi, la mort devait venir, ou du moins la vieillesse, avec son cortège de faiblesse et d'infirmités. Elle vint.

* *

Mais les Vénérées Mères peuvent en paix fermer les yeux. Elles laissent une fille de prédilection, héritière de toute leur charité, émule de leur zèle actif et intelligent, et, demain, initiatrice de nouveaux progrès.

Ici, ma parole hésite.... L'Esprit-Saint m'interdit de louer les vivants (Eccl. xi, 3o) et de contrister, même par de justes éloges, l'humilité de ses serviteurs.

Je m'arrête dans cette revue des coopérateurs providentiels.

La suite, l'annaliste futur la dira.

Elle dira que constamment réélue Supérieure depuis vingt-cinq ans et plus, cette vraie fille de Pierre Fourier, justement décorée de son nom, éleva la maison à son plus haut degré de prospérité, l'agrandit, — je dirais plus justement la refit de toutes pièces —, la peupla de soixante religieuses, de quatre-vingts pensionnaires, de cinquante externes, de cent dix-sept enfants de la classe indigente et gratuite. C'est le chiffre des présences à cette heure encore, au Grand Ménil.

Elle dira les services rendus par notre Mère, par la splendeur de sa charité, à Epinal, à Gray, à Jupille-les-Liège ; Jupille que, durant trois années, elle gouverna elle-même, transforma, fit fleurir à l'égal de Lunéville.

L'annaliste signalera et soulignera ce parfait accord régnant depuis un quart de siècle au sein de Notre-Dame, entre les deux autorités, religieuse et ecclésiastique ; elle dira que l'une et l'autre, dans des sphères différentes, ont acquis des droits égaux à la reconnaissance et à la vénération de toute la famille.

Honneur à qui sut préparer tout ce bien, grouper sous sa main tant d'éléments divers, les assouplir et les harmoniser, les faire converger puissamment vers le but où aspire tout pensionnat chrétien : former des âmes ! Les âmes qu'elle a formées, voilà la vraie gloire d'une maison, et c'est la vôtre, Madame la Supérieure.

Voyez cette réunion choisie de vos anciennes élèves. Quelle plus brillante couronne, pour la Mère de la grande famille, en cette fête jubilaire, que cet aréopage de femmes distinguées.

Et pour vous, Mesdames, quelle joie de vous retrouver au Ménil ! Quelle émotion vous a saisie en revoyant votre cher couvent, en saluant à son frontiscipe ces deux tours surmontées de clochetons !

Comme le Français émigré et de retour au pays revoit, les yeux pleins de larmes, la maison blanche qui abrita son berceau, le jardinet où il essaya ses premiers pas, où il a joué ses premiers jeux, ainsi vous revenez après dix ou vingt années, années toujours semées d'écueils, souvent attristées d'épreuves. De quel cœur reconnaissant et charmé vous rappelez les bonheurs, les labeurs passés, les leçons qui ont instruit votre jeunesse et ne cessent d'orienter votre vie.

La voici cette pieuse chapelle où j'adorais Dieu présent sous l'hostie, où Jésus s'immolait pour moi, où il se donnait à son humble servante émue et ravie.

Là-bas dans ce brillant salon, de quel pas allègre je franchissais les degrés de ce théâtre pour y cueillir mes premiers succès, y recevoir mes premiers rubans, mes premières couronnes.

Ailleurs, mon pinceau, novice encore, demandait à la toile ses premières inspirations; ici s'assouplissait ma voix, là s'affermissait mon maintien.

O cher berceau de mon adolescence, tout en toi évoque un bienfait, ravive une lumière; en te revoyant, tout revit, tout se rallume dans les souvenirs du passé : les émotions, les poétiques enthousiasmes, la flamme de l'idéal; ici, je retrouve la joie sans nuage de mes quinze ans.

C'est ainsi que se préparait, sous l'égide de Notre-Dame, toute cette jeune armée de mères et de vierges. Combien en a-t-elle semé dans les bourgs, les châteaux, les cités, en tout pays de France ou d'étranger, et jusque sur le trône. Faut-il nommer cette princesse d'Orléans qui fait reluire aujourd'hui, dans l'une des Cours du Nord, la grâce et la charité française ?

Embellir le foyer, préparer des saints, quelle mission pour l'épouse et la mère ! Cette mère, compagne peut-être d'un vaillant officier, elle aussi a son champ de bataille : c'est la famille, ce sont les enfants, les soucis, les alarmes, les petits mais glorieux devoirs, les souffrances joyeusement acceptées, vaillamment supportées.

Et la vierge chrétienne au milieu du monde, quel autre joyau à la couronne du pensionnat qui l'a formée. C'est le trésor de la famille, le trésor de la paroisse.

Ah ! s'ils pouvaient élever la voix, tous ces prêtres qui m'écoutent, l'un dirait : « O la précieuse auxiliaire pour le père et le gardien des âmes, attentive à lui signaler les pauvres malades dont personne n'a souci. Combien, sans elle, mourraient dans la disgrâce de Dieu ! »

« Ouvrière habile, dirait un autre, elle rajeunit de son aiguille la parure des autels. »

Musicienne elle fait chanter l'orgue.

Elle instruit, catéchiste infatigable, les ignorants et les pauvres : grâce à son zèle, le Dieu de la première communion fera aussi sa cueillette parmi ces déshérités ; il fera luire, dans le cœur de ces enfants et l'obscurité de ces mansardes, quelques rayons du bonheur du ciel.

Ce pieux couvent enfin a donné son tribut à la vie religieuse. La Visitation s'est enrichie de ses enfants ; le Carmel et les petites Sœurs des pauvres les comptent parmi leurs filles ; elles enseignent à la Doctrine chrétienne et au Sacré-Cœur.

Ici Jésus a ensemencé les âmes de chastes pensées, *seminator casti consilii*, la vocation a germé parmi les épines du travail et du sacrifice, elle a mûri au souffle de la prière, au soleil de l'Eucharistie.

Et voilà cinquante ans que cela dure, cinquante ans que Notre-Dame a peuplé de mères et de vierges, et nos paroisses et nos couvents de Lorraine et de France. Durant cinquante années, le divin semeur, d'un bras infatigable, les a semées à tous les horizons, *exit qui seminat seminare*, comme parfois un orage bienfaisant jette aux quatre vents du ciel les heureuses semences des moissons futures. Cinquante ans de labeur ! Cinquante ans de bienfaits !

Et l'on dit que cela pourrait bientôt finir. L'on dit que sous la menace, et déjà la pression d'injustes exigences fiscales, ces saintes Maisons pourraient se fermer bientôt ; que ces jardins si animés, ces classes d'où rayonnent tant de lumières, cette chapelle, foyer de piété si généreuse, berceau de tant de vertus grandissantes, deviendraient déserts ; que toute cette flamme de vie pourrait quelque jour s'éteindre dans un tombeau ! Cette éducation si chrétienne et si fran-

çaise, céder la place à je ne sais quel dressage, dont
le résultat obligé, Dieu en étant banni, sera d'apprendre
à connaître les lois de la matière, et à violer celles de
la conscience.

O Dieu ! vous ne le permettrez pas.

L'histoire a ses vicissitudes, la fortune a ses retours,
et la Providence son secret.

Sur ce sol, qui a vu fleurir Jeanne d'Arc et Pierre
Fourrier, non loin de Domremy et de Vaucouleurs, de
Mattaincourt et de Mirecourt, vous direz la parole du
salut et de la sécurité : « Sois en paix, ô cher couvent
du Ménil ! Poursuis, durant un cinquantenaire nouveau,
ton œuvre patriotique et sainte ; continue, travaillant
sous les auspices de la religion et de Notre-Dame,
ma Mère, à donner à la famille et au pays, à la terre
et au ciel, de vaillantes chrétiennes, de magnanimes
Lorraines et de vraies Françaises.

SUNT LACRYMÆ RERUM

Je viens de revoir, à Lunéville, le pensionnat des
Religieuses de Notre-Dame. Belle et florissante Maison,
elle abritait cent élèves pensionnaires, cent externes.
cent trente enfants de la classe indigente et gratuite ;
cinquante Religieuses y préparaient au pays des mères
dévouées, des femmes distinguées, de vraies Françaises.

Quel changement, au Ménil, et quelle désolation !

Ces beaux cloîtres bénédictins, où s'égayait une vive
jeunesse, fleur du pays, sont encombrés de caisses,
de matelas ; les salons sont dépouillés, quelques visi-
teurs en larmes y disent un dernier adieu à celles
qu'ils ne reverront plus.

Les vastes dortoirs sont vides ; les études, désertes ;
les classes muettes.

La chapelle pleure..., l'autel en a été arraché ; que
sera-t-elle demain, une écurie, un grenier à foin, une
salle de danse ? tout est possible. Parmi les acheteurs
on préférera le profanateur.

Plusieurs wagons ont emporté en Hollande la lin-
gerie, la literie, les richesses de la sacristie et de la
bibliothèque, tout ce qui a pu s'exiler, échapper à la
rapacité d'un liquidateur.

Ce pensionnat si vivant, un joyau pour la ville, un
sanctuaire pour la contrée, sera demain muet, désert
comme un tombeau. Les nobles proscrites vont se fixer
au diocèse de Bois-le-Duc. Les familles du Brabant

recueilleront les trésors que perdent nos jeunes Lorraines : l'éducation à l'école des filles de Notre-Dame.

Là-bas, tout est prêt. Le nouveau pensionnat ouvrira ses portes. dans quelques jours, et un groupe de pensionnaires lunévilloises suivront leurs maîtresses dans le lointain exil. Les familles ont estimé qu'on ne peut acheter trop cher le bienfait d'une éducatiou reçue de confesseurs de la foi.

Les filles de Saint-Pierre Fourrier confient en partant leur cher couvent à la suzeraine de ces lieux : Notre-Dame en a reçu les clefs.

La vénérable Supérieure est âgée de soixante dix-huit ans. Depuis trente années et plus, elle porte la glorieuse charge. Le corps est incliné, l'âme demeure vaillante La noble femme a restauré le Grand Ménil; elle l'a agrandi, décoré, elle le quitte à l'heure du plus haut degré de prospérité. L'arbre était en fleurs; hélas! ses fruits ne mûriront pas !

Cette ruine, cette tristesse des choses, s'étendent sur toute la France. *Sunt lacrymæ rerum.* Partout sont volées, pillées, déshonorées, les demeures consacrées à la religion, à l'histoire, au droit, à la science, à la piété, à la pénitence, à la prière, au sacrifice, à l'avenir.

Pourquoi ce vol, pourquoi ces sacrilèges ? pour quelle raison proscrire la vertu, assassiner l'espérance ?

Est-ce une raison de rapacité ? Je le voudrais bien. On comprendrait du moins qu'un vol profitât au voleur, excitât sa cupidité. Il a spolié sa victime, mais pour s'enrichir de ses dépouilles. Dans ce cas, on ne justifie pas son crime, mais du moins on le comprend. Il est humain, et dû à la perversité humaine.

Telle n'est point l'iniquité légale. Nos gouvernants n'ont que faire de ces immeubles; ils les abandonnent au temps, à la poussière, à l'inclémence des saisons, au brin d'herbe victorieux, et, à vrai dire, à la mort, à la destruction. Ils ont fait le mal pour faire le mal.

Je passe et je m'enquiers. Qui habite ce grand séminaire? Personne. Cet évêché? Personne. Ce carmel, ce couvent, ce pensionnat? Personne, personne, personne. Quelques contribuables espéraient peut-être un certain profit de ces pierres désormais inutiles.

Ironie des choses! Le peuple français paiera des impôts nouveaux, pour donner un gardien à ces cimetières où dorment leur sommeil tant de souvenirs glorieux, tant de charités, tant de piétés évanouies.

Dans les communautés religieuses, si florissantes jadis, il ne reste que les tombes au fond du jardin, de celles qui vivaient en des temps meilleurs.

N'est-ce pas le sort qui menace la France?

N'a-t-on pas enterré déjà une partie notable de notre honneur et de notre religion?

TROISIÈME PARTIE

Jeunesse : les Études supérieures.

Jeunesse : les Études supérieures.

LES UNIVERSITÉS CATHOLIQUES

Mgr J. Baudrillart, recteur de l'Institut catholique de Paris, a écrit sur nos Universités — *Correspondant*, 10 août 1909 — quelques pages vigoureuses et douloureuses d'une noble sincérité. Je voudrais en recommander la lecture à l'élite de nos familles chrétiennes, et aux meilleurs de leurs enfants.

La Commission d'enquête nommée par le Sénat pour examiner le projet Maxime Lecomte, relatif à l'abrogation de la loi du 12 juillet 1875, qui organise la liberté d'enseignement supérieur, interrogeait Mgr J. Baudrillart sur le point de savoir s'il convenait de maintenir cette loi. Le recteur de l'Institut catholique répondit : « Elle doit être maintenue ; elle représente une liberté et une doctrine. »

Or, cette liberté et cette doctrine sont menacées. L'Etat sectaire, qui ne veut de la religion ni dans les écoles ni dans les collèges, en veut moins encore, si possible, dans les Universités.

— 118 —

L'école, le collège, forment, pour l'ordinaire, des hommes d'une situation, d'une science modeste ou moyenne. Les Universités, elles, forment ceux qui excellent dans les lettres, dans les arts, dans la connaissance du droit et la rédaction des lois, les magistrats du pays, les directeurs de l'opinion publique, ses chefs par conséquent et ses moteurs.

Et l'on voudrait que l'Eglise se désintéressât de leur éducation !

Ce désir, on le conçoit chez les sectaires, chez les ennemis ; mais comment le concevoir chez les catholiques ? « C'est une aberration, » a dit le Souverain Pontife Pie X. Mais cette aberration, c'est-à-dire cette erreur violente, cette déviation, cette marche au rebours de la vérité, fait d'innombrables victimes parmi les membres du clergé. Plusieurs fois, les premiers parmi les supérieurs hiérarchiques sont intervenus à la suite du Pape, pour interdire à la jeunesse cléricale l'entrée d'écoles hostiles à leurs croyances.

*
* *

Et ici, qu'on me permette, a écrit Mgr Baunard, d'adresser à nos amis de respectueuses et anxieuses questions. Nos amis le sont-ils tous assez ? Le sont-ils pratiquement et effectivement ? Le sont-ils logiquement et persévéramment ? Est-ce l'être fidèlement et logiquement que de donner ses fils à l'enseignement chrétien, dans un collège catholique, à l'âge où il s'agit d'abriter ce que j'appellerai la foi inconsciente et l'innocence spontanée de l'enfant ; puis, au lendemain du collège, de les arracher à cette lumière et à cette sauvegarde, puis les livrer à un autre, à un tout autre enseignement, à d'autres conduites, à d'autres milieux et à d'autres exemples ? Et cela à l'âge même où l'esprit doit se mûrir, les convictions se former, les mœurs s'aguerrir et s'affermir; à l'âge où l'innocence doit devenir la vertu ; où l'ignorance doit devenir la science ; et où se dénoue la crise intellectuelle et morale au terme de laquelle il y a pour toute vie d'homme la perdition ou le salut? Etrange inconséquence de parents cependant raisonnables et chrétiens qui, ayant aimé l'âme de leurs enfants à douze ans, en perdent le souci quand ces grands fils en ont vingt?

Et cela pour quelle raison ?

Prestige de l'Etat, de l'Etat enseignant. A la rigueur, on veut bien apprendre de l'Eglise le syllabaire, les premiers éléments des mathématiques; mais à l'Etat seul de conduire les intelligences sur les cimes des connaissances humaines. C'est de cet être qu'il convient d'apprendre une doctrine; c'est à ce voleur officiel qu'on demandera les leçons du Droit; nos médecins, auxiliaires naturels du prêtre dans la cure des âmes qui suit fatalement celle des corps, entendront, pour la plupart, une science rationaliste leur enseigner que les âmes ne sont pas!

Et de jeunes catholiques vont en masse, s'asseoir au pied de telles chaires!

Ces constatations sont navrantes !

***

Le nombre, dit Mgr Baudrillard, a toujours manqué aux Universités catholiques françaises; elles atteignent difficilement toutes ensemble, Paris, Lille, Lyon, Angers, Toulouse, un chiffre de deux mille deux cents étudiants, tandis que les Facultés de l'Etat, rien qu'à Paris, groupent dix-sept mille jeunes gens.

.*.

Or, si les parents avaient été logiques et conséquents avec eux-mêmes, il y a dix ans, quand nos collèges renfermaient la moitié de la jeunesse française, ce n'est point 2.000 élèves que nous aurions dû recevoir à nos cours, mais 14.000 !

A cette pensée, on ne peut se défendre d'évoquer le mot de l'Evangile : *Et novem ubi sunt ?*

14.000 jeunes gens animés des sentiments qu'ils avaient puisés dans nos collèges catholiques, quelle force pour l'Eglise et la patrie !

.*.

Pourquoi cette désertion? Rien ne l'explique. Nul, s'il est renseigné, ne mettra en doute, soit le succès des disciples, soit l'enseignement des maîtres.

Mgr Baudrillard expose les résultats pour une seule année d'une seule Université, celle de Paris : « L'Institut catholique de Paris a obtenu des résultats brillants durant l'année scolaire 1908-1909. Comme, en matière théologique ou canonique, ses élèves ne paraissent pas devant un jury d'Etat, je me bornerai à enregistrer que cinq de ses étudiants ont obtenu le grade de docteur, dix-huit celui de licencié, cent trente et un, celui de bachelier. Enfin, un diplôme a été décerné pour les langues sémitiques.

Quant au droit, aux lettres, aux sciences, les disciples de l'important établissement se présentent, ainsi que ceux des Facultés officielles, à la barre d'un jury composé par les professeurs de ces Facultés.

Or, l'Institut catholique parisien a fait recevoir, au

cours de l'année écoulée, quatre docteurs en droit, dont un pour les sciences économiques et politiques ; (deux ont eu la note « bien », et un l'éloge); vingt-huit licenciés, cinquante deux bacheliers et un capacitaire. Aux lettres, ont été reçus : un docteur, quarante-trois licenciés, dont neuf en philosophie, quatorze en histoire, douze en littérature, huit en langues vivantes. Un ancien élève a obtenu le diplôme d'études supérieures.

Aux sciences : trente-huit certificats, portant sur les mathématiques générales, le calcul différentiel et intégral, l'astronomie, la mécanique, la chimie, la physique, la géologie, la physiologie.

Cette moisson est brillante ; elle prouve que l'Eglise sait cultiver la science, orner l'esprit, munir la jeunesse des connaissances supérieures qui lui permettent de tenir dignement un rang social. »

.**.**

Voilà pour les élèves. Lorsque l'éminent recteur en arrive aux maîtres, un peu gêné peut-être de les louer parce qu'il craint de céder à l'attrait du cœur et de leur donner une louange domestique, il se contente de donner les noms et les œuvres. Aucun éloge ne surpasse cette nomenclature.

Les hommes sont des plus estimés et des plus capables ; les œuvres sont, pour la plupart au moins (et je ne vise aucune exception), de toute beauté, de toute solidité.

Et nous ne parlons pas de la Faculté de médecine de Lille, glorieusement représentée par des maîtres éminents qui ont conquis leur place dans la science. Elle est le plus beau fleuron de la couronne de l'Université libre du Nord. Hospices, maternités, asiles, dispensaires, maisons de santé, matériel, outillage scientifique : cette Faculté a été surabondamment pourvue, par l'admirable générosité des catholiques du nord, de tous les organes, services et accessoires requis par l'enseignement médical moderne. Près de huit millions ont été dépensés depuis l'origine pour mettre cette faculté hors de pair et y attirer la jeunesse catholique. Le succès a couronné ce superbe effort. La proportion des élèves reçus docteurs atteint et dépasse même celle des établissements officiels; plus de mille médecins, sortis de la Faculté libre de Lille, exercent leur art sur tous les points de la France; la confiance des malades allant de plus en plus aux médecins chrétiens, la Faculté ne peut plus suffire aux demandes; ses élèves sont de plus en plus recherchés et assurés de se créer des situations avantageuses. Sa réputation s'étend jusqu'en Orient; les Levantins la choisissent de préférence à toute autre pour y achever leurs études.

*
* *

Et l'enfant de l'Eglise refuserait cet enseignement que lui présente l'Eglise, dont la parfaite orthodoxie est garantie par l'Eglise. Sans motif aucun (car la peur d'examens plus difficiles est purement chimérique, et l'auteur qui n'outre rien est heureux de reconnaître l'impartialité des professeurs de l'Etat) le jeune catholique se détourne des sources limpides où s'abreuverait son intelligence, pour boire à des fontaines presque toujours contaminées. On ne peut que répéter la parole attristée et sévère de Pie X : « C'est une aberration ! » A nos yeux, elle constitue l'un des signes les plus effrayants de notre époque; la peur chez les bons, chez ceux qu'on appelle et qui s'appellent les bons, de la vérité intégrale, le peu de respect, le peu d'estime qu'ils ont de la doctrine; cette préférence donnée à la taverne d'en face sur la glorieuse et sainte maison maternelle. La force de nos adversaires est faite principalement des alliances inavouées qu'ils rencontrent chez nous. Ah ! si les catholiques étaient vraiment catholiques !

C'est pourquoi j'ose conjurer nos jeunes gens d'y réfléchir deux fois au moins, avant de donner, avec leur nom, leur présence, leur appui, leur force de clientèle à une école hostile, à un enseignement hostile, à des tendances hostiles, à des résultats hostiles.

Ces mots paraîtront peut-être sévères si on les applique à tel ou tel homme connu par la dignité et la sincérité d'une vie chrétienne. Aussi, je fais toutes les exceptions que je dois faire, toutes celles que réclament la charité et la justice; il ne s'agit que d'une vérité d'ensemble. Je ne juge pas les personnes, toutes les personnes, je juge l'institution. Et, parce que la maison est mauvaise, sur ces murailles ennemies j'écris en gros caractères, avec l'espoir d'être lu au moins de quelques-uns : « *On n'entre pas.* »

.·.

« Un jour, disait Mgr d'Hulst à ses jeunes disciples,
» un jour la société qui a besoin de chefs et de modèles
» cherchera si quelque part à l'ombre ne se sont pas
» formés des hommes de tête et de cœur, capables de
» prendre en main ses destinées.
» Elle ne s'adressera plus alors aux faux sages qui

» ont trompé ses espérances. Elle regardera du côté
» des chrétiens qu'elle aura elle-même persécutés,
» honnis, exclus de ses faveurs, mais qu'elle n'aura
» pu malgré tout chasser de tous les asiles où l'on tra-
» vaille, de ceux où l'on prie, de ceux où l'on espère.
» Elle les trouvera mûrs pour l'œuvre de salut, parce
» que seuls ils auront gardé les vérités qui sauvent et
» les vertus qui régénèrent. »

MONOPOLE

Un professeur outrage devant ses élèves la plus pure
de nos gloires ; transféré d'une chaire dans une autre,
il n'ose d'abord y paraître, ne se présente enfin que
couvert par la présence et l'autorité de ses chefs,
protégé par la force publique. De jeunes lycéens, —
qui blâmerait ici ces justiciers imberbes ? — courent
les rues de Paris, manifestent, conspuent leur professeur.

Voilà des mœurs scolaires bien nouvelles : voilà
qui nous promet de beaux jours.

L'État, en fermant les écoles congréganistes, en
accaparant le monopole, a-t-il soupçonné quelles difficultés il susciterait, demain, à sa pupille l'Université ?
Il a introduit dans la place l'ennemi, ou du moins
l'adversaire ; toute une jeunesse qui pense autrement
que l'*Alma mater* et prétend que Thalamas respectera
ses convictions ou déguerpira. Or, Thalamas est légion
dans l'Université.

Aussi bien, quelle folie d'espérer que le monopole
fera parmi les jeunes Français l'union des esprits.

Je le suppose, l'État, par l'Université, est désormais
seul maître de parler à la jeunesse du pays. La jeunesse
tout entière est groupée dans ses amphithéâtres ou
assise sur ses bancs d'école.

L'État lui a dit un jour : Je suis la pensée, je suis

la science, je suis le progrès, je suis l'oracle, je suis l'Évangile, et voici ma décision : Dieu n'est pas.

Que va-t-il se passer ?

.*.

Suffit-il de prononcer que Dieu n'est pas, pour effacer la foi en l'existence de Dieu ?

Non, non, l'adolescent, le jeune homme ne va pas si loin dans la docilité de son intelligence.

En prenant pleine conscience de lui-même, l'esprit s'éveille à la discussion et déjà se porte à l'examen.

Vous enseignez, vous dogmatisez ; il écoute, il réfléchit. Vous définissez, et votre phrase n'est point finie qu'il a déjà suspendu un point d'interrogation. Son silence est peut-être obtenu ; son adhésion n'est point conquise. De la même académie, du même collège, de la même classe, sortiront, après avoir entendu les mêmes leçons, un déiste, un athée, un matérialiste, un kantiste, un illuminé, un spirite.

On dit : l'âme de l'enfant est une page blanche ; qui veut y imprime ce qu'il veut.

Peut-être ; mais l'écolier revient sur la page imprimée, il la corrige, il la refait, et parfois plus rien ne subsiste du texte primitif.

Pourquoi ? Parce que le maître n'est point seul à parler, et la science se prend ailleurs qu'à l'école. Elle se prend à la maison, dans la rue, entre camarades, seul, et dans la multitude. Les passions humaines, les convoitises, les intérêts, la haine et l'amour, la chanson des bois et celle des flots, la chanson de la vie, autant de voix qui jettent leur note, autant d'impressions qui, reçues dans une âme, tantôt y font la lumière, plus souvent l'obscurité, et parfois la plongent dans l'abîme du scepticisme.

Tel cesse de croire pour avancer, qui dans l'armée, qui dans la magistrature, qui dans les affaires, qui dans les dignités.

.*.

Tel, au contraire, commence à croire parce qu'un mariage sourit à sa fortune.

Pourquoi encore? parce que disciple d l'Église ou disciple de l'État, au-dessus de ses maîtres, l'enfant, l'écolier, quel que soit son âge, entend toujours deux autres maîtresses. La première s'appelle la volupté, la seconde la sagesse. Et c'est assez pour briser l'unité de la pensée française, de la pensée humaine.

La volupté dit : « Rien ne survit à la mort », et c'est une parole commode pour les passions de la vingtième année.

Mais la sagesse parle un autre langage. Et qui sait si l'incrédulité des pédagogues.de ce siècle ne retournera pas vers elle l'intelligence des meilleurs ?

Frappées de la fermeté d'accent de la vérité catholique, de la netteté de ses affirmations en face du bégaiement sophistique de ses adversaires, ravies de lui trouver des bases magnifiques et des accords insoupçonnés avec les besoins du cœur humain, ces âmes honnêtes iront droit à l'Église ; hardiment, elles se rangeront parmi les défenseurs.

Combien, parmi les maîtres et les illustrations contemporaines, n'ont pas eu de meilleur argument.

Ils se sont dit : « Le CREDO catholique est l'objet de l'hostilité des gens tarés qui gouvernent la France ;

donc, il se recommande à l'attention d'un honnête homme. »

On veut créer le monopole pour asservir les intelligences, et le monopole, par sa tyrannie, les émancipera.

Une fois de plus, l'iniquité sera prise dans ses propres pièges.

AUX ÉTUDIANTS CATHOLIQUES

« Messieurs,

» J'ai à cette heure la grande joie de vous féliciter très sincèrement et très cordialement de vos efforts et de vos travaux.

» Oui, c'est très bien de persévérer dans les disciplines de votre adolescence, très bien de continuer la culture des lettres humaines, au moment où ayant perdu l'amertume de leurs racines, elles vous donnent leurs fruits, et de ces fruits toute la saveur.

» Jadis à des heures plus tranquilles, on ne demandait aux lettres humaines que d'être « l'ornement de la vie, le charme des soirées, l'élégance des mœurs et de la fortune, la politesse du pays, la courtoisie du langage. »

» Le surplus, elles le donnaient de bon gré, par une naturelle opulence que tous n'ignoraient pas. Témoin la Compagnie de Jésus, qui désirait également de ses clients, ses disciples ou ses fils, *le bien vivre* et *le bien dire*, suivant sa vieille coutume de marier l'Académie et la Congrégation.

» Nous sommes loin de ces heures pacifiques. Aujourd'hui, le monde est un champ de bataille, et la parole, l'épée qui frappe les grands coups.

» Vous recourrez donc aux lettres humaines pour forger votre épée, votre verbe, votre parole ; vous en recevrez cette arme propre aux vaillantes mains, « ce mâle outil » la prose : la prose telle qu'on la veut aujourd'hui, alerte et sobre — elle n'a pas le temps de fleurir en épithètes — substantielle et nerveuse, pressée d'arriver au but par le plus court et le plus droit chemin, claire comme le rayon du soleil qui égaye la bataille, vivante par son élan, loyale et franche, studieuse, documentée, comme ils disent, n'affirmant rien qu'elle ne prouve ou ne soit prête à prouver; avant tout, servante de Dieu et de la vérité.

.

» Pour posséder cette arme, vous faites deux choses essentielles : écrire, dire.

» *Écrire, nécessité de la pensée;*

» *Dire, nécessité de la parole.*

» Écrire donne à la pensée son nerf, sa précision, ses contours exacts; écrire l'empêche de flotter, de se perdre ou de s'arrêter en chemin, l'oblige à conclure.

» Écrire, c'est forcer l'inertie dans ses derniers retranchements, et donner le signe certain et total de la virilité de l'esprit.

» Lacordaire, rajeunissant une parole du P. de Ravignan, disait : « Je vais me crucifier à ma plume. »

» Écrire, c'est le grand travail de l'intelligence, auquel sont accordées la bénédiction et la richesse. *In sudore vultus vesceris.*

» Dire, égale nécessité de la parole. Aussi longtemps que la pensée n'est point fixée par la parole, nul ne peut la saisir.

» Aussi longtemps qu'elle n'est pas reproduite et demeure dans sa solitude, elle ne rayonne pas, elle ne conquiert pas, elle ignore même si elle pourra rayonner et conquérir; il lui manque le contact avec l'ennemi, avec les âmes.

» Ici, Messieurs, dans votre académie, vous êtes en très bonne place pour bien dire.

» Ce n'est plus l'intimité stricte du foyer familial, ce n'est pas encore le grand public. Cependant c'est le public, un public fraternel et courtois, exigeant par sa distinction même, avide de vous applaudir, mais juge des applaudissements qu'il ne décerne qu'au vrai mérite.

.•.

» Les mériter ces applaudissements, les moissonner si abondamment, M. le rapporteur, c'est votre récompense. C'est en vous écoutant que j'ai réuni et formulé ces quelques conseils.

» Tout à l'heure je me demandais à quel titre je devais la joie d'être ici.

» Et soudain, le passé s'est dressé devant mon souvenir. Quel passé, Messieurs, dans notre premier Saint-Joseph, dans cette rue vieille et noire.... ô rue de la Barre, qui eût pensé que de ta poussière Dieu fît surgir un si joyeux berceau !

» Mais aussi, quels hommes et quels fondateurs ! Le Père Sengler, le révérend Père Pillon. Je ne veux parler ici que de ceux qui ne sont plus. L'Esprit-Saint m'interdit de louer les vivants. Le Père Sengler, la régularité vivante, et comme l'exactitude en mouvement ; le R. P. Pillon, cette grande figure sur laquelle rayonnait une paternité si royale, une royauté si paternelle.

» On s'aimait bien alors dans les deux familles, la famille des Pères et celle des enfants, qui n'en formaient qu'une. Quel entrain dans les jeux et le travail ! Quels fruits de bon savoir ! Quelles fleurs de piété !

Et dans nos séances littéraires et académiques, comme les âmes vibraient à certaines paroles qui sonnaient, tel un clairon, pour Dieu et le pays, pour la France, pour l'Église.

» Tout alors était à l'espérance, un souffle de résurrection passait sur le pays. La France avait soldé ses milliards, elle soldait sa rançon plus lourde vis-à-vis de Dieu ; elle votait, sur l'acropole de sa capitale, la basilique de Montmartre. Même la République alors était pleine de promesses ; tout le monde croyait qu'elle allait mourir....

» D'autres ont mieux réalisé les espérances que dès lors ils faisaient concevoir. Si quelques-uns moururent, ce fut au monde. Je les vois ici à mes côtés, devenus mes frères, et, dans ces jeunes tenants de ma vocation, fortuné professeur, je salue mes fils d'autrefois, je salue leur jeune talent, la carrière ouverte à leur zèle, et un prochain avenir remplissant toutes les promesses d'un lointain passé.

» Messieurs, à l'avenir ! !! »

Lille, Février, 1895.

CARRIÈRES ET CARRIÈRE

Louis Veuillot écrivait il y a soixante ans :

« Autrefois, les parents chrétiens, pour sauvegarder l'âme de leurs enfants, les auraient voués à la misère. Ils les auraient vus d'un œil sec, massacrés sous leurs yeux. Aujourd'hui, on s'expose plus volontiers à leur voir perdre la foi qu'à leur voir manquer le diplôme. On achète froidement un titre d'avocat ou de médecin au prix de cent péchés mortels qu'ils peuvent commettre avant de l'obtenir ; on appelle cela songer à leur avenir. »

Ces réflexions burinées par le grand écrivain ont-elles perdu leur actualité ? N'est-ce pas dans notre société la même absence de foi, la même anémie religieuse ?

En éducation, par exemple, voyons ce qui se passe.

Les Frères ont été bannis, leurs classes fermées, les parents n'hésitent pas, l'enfant est mis à l'école laïque. Les religieux livrés à l'instruction secondaire sont dispersés, on place le jeune homme au lycée. Nos maîtrésses des pensionnats congréganistes ont quitté une patrie devenue inhospitalière ; la jeune fille suivra les cours universitaires. Le but manifeste de ces cours est de démoraliser la femme. Qu'importe ? On voit dans ces migrations d'une école à l'autre, l'intérêt des enfants. Après avoir été préparés à l'école officielle, ne sera-ce pas une recommandation pour un examen, une facilité plus grande pour aborder les différentes carrières? Que de fois aussi l'intérêt du père est en jeu. Il y va de sa place et de son avancement, que son fils soit instruit dans une maison de l'Etat. C'est toujours l'avantage matériel qui l'emporte; aujourd'hui comme il y a soixante ans, il fait pencher la balance.

Et les périls de la perversion morale, qui en tient compte? Que dans les classes du lycée, l'enfant aspire le matérialisme à pleins poumons; qu'il y perde la foi, ou que son âme soit contaminée par la fréquentation de mauvais camarades, je connais tel père bien pensant, conférencier de Saint-Vincent-de-Paul, qui ne songe nullement à s'en alarmer; son fils ne doit-il pas faire sa carrière? Ne faut-il pas songer à son avenir?

*
* *

L'avenir! mot magique. Quand on était chrétien, l'avenir était au ciel. Il n'y est plus. Il est partout ailleurs, il est dans les grandes écoles, il est dans le négoce, dans l'industrie, dans les affaires, il est dans les boutiques, il est dans la boue. Pour y arriver, on foule aux pieds sa foi, on marcherait sur le crucifix.

Pourtant, il faut en convenir, quand il s'agit de l'enseignement primaire et secondaire, il est encore des pères, il en est même beaucoup, qui, pour conserver le droit d'élever leurs fils à leur gré, ne balanceraient pas à renoncer à l'avancement, à sacrifier une carrière, à briser leur épée.

Mais, est-il question de l'enseignement supérieur, ces mêmes parents livreront leurs enfants, plantes débiles encore, à la culture brutale des écoles de l'État; disons mieux, à l'impiété qui se réclame de la science pour ruiner la foi.

Se doutent-ils seulement que l'Église, émue des dangers du haut enseignement officiel, a créé à grands frais des Universités catholiques où la science et la foi se donnent la main pour former des générations de savants chrétiens?

La science, dit-on, est partout la même. Qui parle ainsi?

Des parents élevés dans des temps meilleurs et peu au fait des tendances de l'instruction nouvelle.

Des ignorants ou des naïfs qui ne connaissent pas l'esprit des professeurs nommés par les loges maçonniques. Certes, je ne confonds pas dans la même réprobation tous les maîtres officiels. Il en est de sincères; il en est d'excellents; j'en connais des meilleurs; mais hélas! il en est beaucoup d'indifférents, et surtout d'hostiles. Sous couleur de neutralité, l'institution est mauvaise! Qu'attendre de tels maîtres? Des leçons de haine contre l'Église, ou tout au moins d'une indifférence qui se borne à connaître les lois de la matière et se tait sur celles de la conscience.

L'âme juvénile s'imprègne fatalement des pensées du maître qui l'instruit. Terre vierge, mais propre à une riche culture, elle porte également, selon la main qui l'ensemence, les fruits savoureux ou les produits empoisonnés.

.•.

La science est partout la même : funeste préjugé, qui fait que nos Universités catholiques végètent, et que la jeunesse sortie des collèges chrétiens encombre les Facultés de l'État.

Dès sa seizième année, le jeune homme échappe

plus facilement à l'influence de la famille, il commence à penser par lui-même, il subit le prestige du talent, il est ébloui par le renom d'un maître oracle d'une Faculté, et quand ce maître ne croit pas en Dieu, qu'attendre de ses leçons, que la destruction, chez ses élèves, de tout principe religieux ?

Qu'on ne s'y méprenne pas : il y a un enseignement des sciences et de la médecine, qui est chrétien, et un autre qui ne l'est pas ; il y a un enseignement du droit qui est chrétien, et un autre qui ne l'est pas ; il y a un enseignement de la littérature, de l'histoire, de la philosophie surtout qui est chrétien, et un autre qui ne l'est pas.

Au lieu d'apprendre à saluer dans le monde une cause première, intelligente et libre, l'étudiant n'y verra, sur la foi du maitre, que la résultante de forces aveugles et fatales.

Au lieu de voir, dans le corps de l'homme, le temple de l'esprit immortel, il n'y découvrira qu'une machine sans âme, où la matière préside à tout, même à la pensée.

La raison montre un Dieu rénumérateur et vengeur, source et garantie du droit. Au jeune étudiant, l'enseignement officiel apprendra que cette conception dépend de la seule volonté de l'homme, que le juste et l'injuste ont pour sanction les seules lois humaines.

* *

Tout est faussé par une telle direction donnée à de jeunes esprits. Le beau langage n'est plus la splendeur du vrai, mais la peinture séduisante des mauvais instincts.

L'histoire n'est qu'un travestissement de la vérité, elle montre sous un faux jour le rôle de l'Église à travers les âges.

La philosophie ne remonte plus à la cause suprême, qui est Dieu ; elle exclut le Créateur par des systèmes éclos sur les bords de la Sprée ou de la Tamise. On aime tant aujourd'hui chez nos maîtres les produits de la pensée protestante ! Kant et Spencer sont les dieux du jour ; ils sont les oracles d'un enseignement destiné à tuer la foi dans les jeunes âmes, à ne laisser debout que le doute et la négation.

Et c'est pour assurer l'avenir terrestre du jeune homme, que des parents chrétiens l'exposeront à être infecté par de pareilles doctrines, au risque de ruiner à jamais sa foi religieuse et son avenir éternel.

Un industriel me disait récemment : « Mes fils n'achèveraient pas leurs études, s'il me fallait recourir à des maîtres hostiles à l'Eglise. » Ils sont rares les pères qui parlent ainsi.

Bien des fils de familles chrétiennes ont tourné au libre-penseur. Voilà, parents chrétiens, le danger qui menace les vôtres, si vous conservez des illusions sur la valeur et les effets de l'enseignement officiel. Vous dites : Mon fils, à la Faculté de l'État, gardera sa foi, il gardera la pureté de ses mœurs.

En vérité, vous comptez sur un miracle.

LES DIX COMMANDEMENTS DU CHEVALIER

A l'heure où la France est livrée aux mains de la Franc-Maçonnerie, une chevalerie nouvelle s'est levée pour la défendre : *La Jeunesse Catholique.*

Pour ces justiciers, il fallait un code ; le code de l'honneur. Un homme de cœur et de talent, le R. P. Forbes l'a exhumé des vieux souvenirs de la France chevaleresque. Il entre dans le dessein de ce livre de le signaler à mes lecteurs.

Esprit courageux, le Père Forbes excelle à relever les énergies qui tombent. Esprit curieux, il a fouillé les vieux rituels et les chartes poudreuses. Il a écouté Louis IX instruisant son fils. Nulle part mieux que dans les conseils du saint monarque, ne sont formulés les dix commandements de l'antique chevalerie. Le Père Forbes les présente, éclairés d'un bref commentaire, à la jeunesse de notre pays.

Certes, l'esprit chevaleresque n'est pas mort parmi nous. Bravoure et loyauté, ces vieux mots vibrent toujours dans l'âme du peuple de France. Un de Sonis conduirait encore une charge de Patay ; Marchand eût naguère, à Fachoda, une fière attitude, et *avoir peur* sera toujours pour des Français la suprême honte.

Toutefois, si c'est toujours le courage que l'on demande à la jeunesse, ce n'est plus, d'ordinaire, celui qui se dépense sur un champ de bataille. C'est le courage de la foi et de ses convictions indomptées ; le courage des œuvres et de leur patient apprentissage ;

le courage de la science et du travail qui conduit à ses sommets. C'est le courage du devoir, de la fonction, de l'influence, du rôle social et politique.

***

Jeunes gens, s'écrie le Père Forbes, sachez parler, sachez écrire ; que le glaive à deux tranchants flamboie dans votre main vaillante.

Ici, en quelques pages remarquables de précision et de fermeté, le sagace écrivain adapte les dix commandements des chevaliers d'antan à la mission des jeunes Français, nos contemporains.

Reste une autre chevalerie — chevalerie au rebours — qui grandit et combat dans l'ombre, vouée au service du mal sous toutes ses formes, liée par de redoutables serments. En huit ou dix articles, le R. P. Forbes dresse le programme des loges ; c'est, en tout, le contre-pied du code chevaleresque.

« Tu ne croiras rien ; tu déchristianiseras tout : le foyer, le collège, l'hôpital, l'armée, les colonies ; tu exalteras les sans-patrie, tu ne seras courageux que contre les faibles ; tu n'estimeras que ce qui rapporte ; tu feras régner la secte *per fas et nefas*, et ton suprême effort sera d'empêcher les chrétiens de mourir en chrétiens. »

Peupler l'enfer, détrôner Dieu, telle est l'âpre aspiration de l'âme maçonnique.

L'auteur des dix commandements conclut : les catholiques de France savent à quoi s'en tenir ; reste à voir s'ils veulent se faire égorger ou s'unir et se défendre ; si, parias en ce monde, ils renoncent encore aux espérances immortelles.

Jeunes catholiques, à vous de répondre.

Résolus à lutter, vous trouverez dans les fortes pensées du Père Forbes, toute une armure pour votre guerre patriotique et sainte.

Méditez ces pensées, revêtez cette armure.

Vous ne vaincrez pas sans elle !

MODERNISME ET LIBÉRALISME

La vérité et l'erreur, deux puissances rivales, se disputeront le champ de l'intelligence tant que vivra le monde. On a fait un dictionnaire des hérésies que l'Église a foudroyées. Mais à mesure qu'elle en écrasait une, une autre surgissait, comme les têtes de l'hydre dans la fable antique.

Telle est la destinée de l'Église : Un triomphe pour elle n'est que la préparation à de nouveaux combats. Hier encore, le clairvoyant pape Pie X a condamné tout un groupe de doctrines malfaisantes écloses sur le sol même de l'Église. Cet ensemble d'erreurs s'appelle le Modernisme, nom suggestif et qui les qualifie avec une singulière justesse. Car ce système est bien le résumé des doctrines antireligieuses modernes. Issues du protestantisme, précisées deux siècles plus tard par le philosophisme et mises en œuvre avec une férocité sanglante par le génie révolutionnaire, elles se sont enrichies de corrolaires au siècle dernier sous la plume de libres-penseurs de tout acabit.

Et pourtant rien de moins moderne ni de plus vieillot que le modernisme.

« Catholiques, vous croyez à l'Église réellement divine ; — chrétiens, vous croyez à la divinité réelle de Jésus-Christ ; — hommes religieux vous croyez en un Dieu réel, créateur et fin dernière ; — hommes simplement raisonnables, vous croyez à la vérité.

» Le modernisme, c'est la négation de tout cela.

» Comme le protestantisme, le modernisme nie l'autorité divine de l'Église : l'Église est purement humaine.

» Comme le rationalisme, le modernisme nie la divinité réelle de Jésus-Christ : Jésus-Christ n'est qu'un homme.

» Comme le panthéisme et l'athéisme, le modernisme nie l'existence réelle d'un Dieu distinct du monde.

» Comme le scepticisme, le modernisme refuse à la raison humaine le pouvoir de connaître réellement aucune vérité.

» Logiquement, c'est l'abîme sans fond, provocateur du désespoir, du doute absolu.

» Mais le modernisme, et c'est là son unique nouveauté, prétendait, en niant tout cela, garder toute l'apparence, toute la façade, toutes les formules du catholicisme. »

****

Il serait facile d'extraire du modernisme une suite de propositions identiques, en elles-mêmes ou dans leurs tendances, à plusieurs de celles qui furent condamnées par le *Syllabus* ou le concile du Vatican. La récente encyclique de Pie X mentionne un certain nombre de ces dernières.

L'erreur est monotone et se répète à intervalles divers. L'erreur est une aventurière. Chassée sous les haillons d'une mendiante, elle revient sous le costume et avec la parure d'une princesse ; on la rencontre également dans les tavernes et dans les salons. Que lui importe ? elle est bien là où elle fait le mal.

Le Modernisme, quintessence des hérésies des derniers siècles, indique aussi les tendances chères aux générations contemporaines : la soif de nouveautés causée par le mépris pour les conceptions intellectuelles des âges de foi, l'horreur de toute pensée disciplinée, l'adoration orgueilleuse de l'homme devant les produits de sa raison.

Du nouveau ! du nouveau ! parole magique qui électrise, qui met en mouvement. C'est elle qui séduit et qui conduit les doctrinaires ennemis de l'Église. Hélas ! que de fidèles dévoyés par l'admiration illimitée pour tout ce qui est moderne ! La contagion n'a-t-elle pas atteint certains prêtres eux-mêmes ? Ils pensent au fond de l'âme, et disent tout bas : « La raison avant 1789 était chargée de chaînes; l'Église, qui a supprimé l'esclavage corporel, ferait bien, pareillement, d'affranchir les intelligences courbées par elle sous un joug vingt fois séculaire. » Ils oublient que la vérité est absolue et la doctrine intolérante et qu'elle doit l'être. N'est-elle pas la pensée de DIEU, le maître infaillible des esprits comme de la matière ?

* * *

Il y a bien des points de contact entre les doctrines du Modernisme et les erreurs condamnées il y a cinquante ans par Pie IX.

Les troisième et quatrième propositions du *Syllabus* se résument ainsi : « La raison humaine est l'origine de toute vérité religieuse; elle est à elle-même sa loi et l'unique arbitre du vrai et du faux. "

Ces deux erreurs ne sont-elles par les aïeules de la théorie de l'*Immanence* ou du subjectivisme philosophique appliqué à la vérité? D'après cette théorie, la conscience éclairée par le sentiment purement subjectif du divin peut seule découvrir DIEU et recevoir sa révélation. Elle devient donc la règle suprême de foi à laquelle tout doit céder, l'Église elle-même. N'est-ce pas la décision personnelle substituée à l'autorité doctrinale du magistère ecclésiastique? N'est-ce pas, en remontant plus haut, la doctrine du libre examen, loi fondamentale du protestantisme? Les formes sont différentes ; les tendances, identiques : faire prévaloir l'indépendance de l'esprit individuel sur toute autorité extérieure.

Que nous dit la cinquième proposition du *Syllabus ?* « La révélation divine est imparfaite et subordonnée au progrès indéfini de la raison. »

Le moderniste théologien et apologiste ne parle pas autrement. Selon lui, les Écritures contiennent des erreurs, le Christ s'est trompé, les dogmes sont contradictoires. La foi, dans son évolution, doit se plier aux vues changeantes de la conscience collective. En d'autres termes, point de vérité religieuse absolue, la croyance doit changer avec le temps et se modeler sur l'opinion dominante de chaque époque. Que le dogme n'ait pas peur de se contredire, poursuit le moderniste : la foi n'est pas la règle de l'esprit; c'est l'esprit, Protée aux formes variables, qui est la règle de la foi.

Adieu le surnaturel et la révélation extérieure! Dieu se communique à l'âme, et l'Eglise doit se borner à enregistrer ses inspirations faites à la majorité des consciences. La théologie dès lors n'est plus qu'un système philosophique indépendant, en ses vues et conclusions, de toute autorité supérieure.

.˙.

Toutes ces divagations se retrouvent également dans les huitième, neuvième, dixième, treizième et quatorzième propositions rationalistes condamnées par le « *Syllabus* ».

L'indifférentisme frappé par le même document pontifical (propositions 15, 16, 17, et 18), est une des conclusions principales du modernisme. DIEU se révèle à chacun de nous; mais comme le sentiment religieux qui l'unit à l'âme, varie suivant les races et les milieux, il suit que toutes les religions sont bonnes. On accordera une légère supériorité au christianisme, parce qu'il est plus vivant. Il possède un caractère de prosélytisme, une force d'expansion, une activité enseignante que ne suscite aucune autre doctrine religieuse.

Les modernistes ont également rajeuni les erreurs révolutionnaires touchant les rapports de l'Église et de l'État. L'Église, disent-ils, était jadis autocratique, alors que l'erreur commune considérait l'autorité comme venant du dehors, c'est-à-dire de Dieu. On en est revenu. Autrefois on a pu subordonner le temporel au spirituel et créer des questions *mixtes* où l'Église avait le dernier mot comme lieutenant du Très-Haut, son interprète et son porte-voix. Le progrès de la science a répudié cette doctrine. En raison de la diversité de leurs objets et de leurs fins, l'Église et l'État, comme la science et la foi, sont absolument étrangers l'une à l'autre. Donc, séparation de l'Église et de l'État, distinction absolue entre le catholique et le citoyen. Ce dernier procurera le bien public en la manière qu'il estime la meilleure sans prendre souci des directions de l'autorité religieuse. Et ce serait un abus de la part du pouvoir ecclésiastique de lui tracer une ligne de conduite.

.

Comment cette attitude se conciliera-t-elle parfois avec les exigences du sentiment religieux? Les modernistes ne le disent pas.

De plus, l'État est maître du temporel, c'est-à-dire de tout acte extérieur. La conclusion, encore peu avouée des modernistes, serait que, dans l'administration des sacrements, dans la prédication, dans presque tous ses actes, l'Eglise fût entièrement assujettie à l'Etat.

Attendons-nous, dans ces conditions, à voir l'Église, gênée par cette dépendance, rejeter tout culte extérieur et préconiser une religion purement individuelle.

Ne trouve-t-on pas toutes ces erreurs en germe dans les propositions 19 et 20 condamnées par le *Syllabus* : » « L'Église n'est pas une vraie société parfaite et pleinement libre. Elle n'a pas ses droits propres et constants, mais il appartient à la société civile de définir les droits de l'Église et les limites de leur exercice. » — « La puissance ecclésiastique ne doit pas exercer son autorité sans l'aveu et l'assentiment de l'Éat. »

En somme le modernisme consacre l'omnipotence du pouvoir, et, en cas de conflit, le pouvoir doit l'emporter.

Qu'adviendrait-il du christianisme si l'ensemble des États devenaient hostiles à toute croyance et à toute pratique de culte? Il faudrait bien obéir, au nom de la nouvelle doctrine elle-même. Que penser d'un système religieux qui prévoit et consacre son propre suicide?

Quelles clartés l'encyclique du Saint-Père projette sur ces erreurs sans cesse renouvelées sous diverses formes ! Avec quelle précision elle en indique l'origine, le développement et la forme ! L'origine, c'est le Protestantisme ; le développement, le Modernisme ; le terme, l'Athéisme.

.˙.

Le Libéralisme en matière de croyance, condamné par le *Syllabus*, a également apporté son contingent à la doctrine moderniste. Le sentiment religieux, nous dit celle-ci, fruit de l'immanence, est la seule révélation de Dieu à l'homme et les dogmes sont des symboles variables. Or, ce sentiment, également légitime en tous, inspire aux diverses fractions de l'humanité des idées différentes sur le Créateur, et par suite des dogmes divers.

Comment ne pas conclure à l'égale vérité de toutes les religions et au droit de toutes à la même liberté de culte et au même respect ? Comment ne pas accorder à toutes les croyances, que dis-je, aux simples opinions, une égale faculté de s'énoncer et de se répandre par les mille voix de l'enseignement et de la publicité ?

Nous voilà loin de la doctrine de l'Église sur la tolérance.

Que dit-elle aux fausses religions ? On vous laissera vivre comme un pis aller et pour éviter les discordes civiles, mais il vous est interdit, en principe, de marcher de pair avec le catholicisme. Le modernisme, lui s'incline avec respect devant toutes les manifestations du divin, qu'elles soient vraies ou prétendues telles.

Libre carrière soit donc ouverte au sentiment religieux et aux dogmes qu'il lui plaît de forger. La vérité n'a pas plus de droits que l'erreur, ou plutôt y a-t-il encore erreur ou vérité ? Toute idée religieuse ne devient-elle pas, dans le kaléidoscope de l'immanence, relative, changeante et passagère ?

La même religion ne doit-elle pas s'adapter aux vues dominantes de toute époque et suivre toutes les phases du sentiment personnel c'est-à-dire du caprice ? Quel moderniste pourrait reprocher à l'un de ses confrères, fût-il prêtre, de se faire musulman, bouddhiste ou fétichiste ? L'esprit ne souffle-t-il pas où et comme il veut ?

.*.

Ce qu'il y a de plus frappant, c'est que les tenants du Modernisme ne semblaient pas se douter qu'ils étaient condamnés d'avance non seulement par le *Syllabus*, mais même, pour plusieurs de leurs propositions, par le Concile du Vatican et par les décrets antérieurs de plusieurs papes,

Jusqu'ici, ces graves erreurs étaient le fait des libres-penseurs, des francs-maçons et des ennemis du catholicisme. Le mal qui menace aujourd'hui l'Église a pris naissance dans son sein, Les ennemis qu'elle dénonce étaient hier, ils se proclament encore aujourd'hui ses enfants. Disons mieux, pour parler le langage même de l'Église, ils sont les membres d'un même corps. C'est sur eux, par conséquent sur elle-même, que leur mère, immortelle et vulnérable tout ensemble promène le fer et le feu. Encore, si cette opération cruelle mais nécessaire amenait la guérison définitive !

L'obstination des Hérétiques à toutes les époques autorise, hélas ! les craintes les plus légitimes ; elle nous permet d'appréhender que plusieurs de ces catholiques dévoyés, étourdis présentement du coup qui les a frappés, ne relèvent bientôt la tête, ne s'excluent eux-mêmes du véritable bercail et n'aillent, en fin de compte, grossir les rangs des incrédules de profession.

Puissent nos prévisions ne pas être justifiées!

UN TYPE D'ÉDUCATRICE :
LA BIENHEUREUSE SOPHIE BARAT (¹)

Les familles chrétiennes ont une pieuse coutume. Lorsqu'une journée s'achève, elles se réunissent dans la prière, elles remercient Dieu de ses grâces et lui demandent pardon de leurs fautes.

Cet usage a été d'une certaine manière adopté par l'Église catholique, un même sentiment la conduit aux pieds des autels, non point au soir d'une journée, mais au soir d'une année.

Lorsque Rome était encore la cité pontificale, le Pape, entouré de ses cardinaux, se rendait au GESU. Là se disaient le *Miserere* et le *Te Deum*. L'hymne de la pénitence, parce que l'homme s'est servi du temps pour offenser Dieu ; l'hymne de l'action de grâces, parce que Dieu s'est servi de ce même temps pour combler l'homme de ses bienfaits.

Et voici, mes Révérendes Mères, que vous arrivez également à un soir, non plus, comme tout à l'heure, celui d'une journée ou celui d'une année, mais celui d'un siècle. Cent ans se sont écoulés depuis le moment où la Bienheureuse Mère BARAT jetait dans les abîmes

---

1. Conférence donnée en 1902, au centenaire de la fondation du Sacré-Cœur, à Montigny-les-Metz. On a hésité avant d'esquisser ici la figure de Mme Barat. Elle est si grande qu'elle semble déborder le cadre de ces modestes pages. On la conserve cependant comme leur meilleure lumière. Cette parfaite éducatrice dit si bien par l'exemple de sa vie comment l'Église a compris l'œuvre de l'éducation.

du Sacré-Cœur la première pierre, mais la pierre vivante de votre naissant Institut.

Après ces cent ans, mais toujours dans la joie et la ferveur de votre printemps et la vigueur de votre adolescence, vous, mes Révérendes Mères, que direz-vous à Dieu ?

Quelles paroles conviennent à la majesté et à la douceur de tant de bienfaits, au souvenir de tant de faveurs, à l'émotion de vos âmes, à la mémoire de cette grande servante de Dieu, qui fut, qui demeure votre mère, et dont l'œuvre grandit, puisque la gloire de ses enfants entre dans la sienne.

.

Cette joie est générale ; mais Metz et Montigny y ont des titres particuliers.

Avec quel respect ému cette parole de la mère Barat, d'ailleurs consignée dans vos annales, est transmise de génération en génération ! La fondatrice a passé ici ; elle a, sur ces merveilles naissantes, et trop belles à son gré, porté le regard prophétique qui lisait dans l'avenir la bénédiction promise à vos travaux et l'épreuve nécessaire à vos œuvres :

« Dans cette maison, il se fera beaucoup de bien, mais on y souffrira beaucoup. »

C'est toujours un embarras de louer les saints personnages et d'égaler nos paroles à la gloire de leurs actions. Mais que de difficultés à vaincre lorsqu'il s'agira de raconter tant de vies mêlées à une seule vie; et au lieu de les fixer sur un seul objet, comme le demandent les lois de l'éloquence, de jeter en quelque façon nos regards sur tout l'univers, comme l'exigent ces glorieux travaux accomplis par la mère et par les filles.

Sans donc plus distinguer entre la mère et les filles, c'est à la gloire impérissable du Seigneur que je voudrais dire :

Le miracle de votre fondation.

La vertu de votre fondatrice.

Le caractère de vos œuvres.

Tel sera, mes Révérendes Mères, l'humble objet de votre attention.

Également certain et de votre sympathie et de mon insuffisance, j'implore avant que de commencer la protection de Celle que votre Mère a tant aimée, puisqu'elle s'est dévouée tout entière à l'honneur du Cœur de Marie, comme à l'honneur du Cœur de Jésus.

I

Le miracle de votre naissance.

Ce mot n'est pas excessif, car c'est par le miracle
que Dieu soutient son Église et en défend les
murailles. Il est des heures où cette puissance infinie
se manifeste avec splendeur. Telle fut celle que la
Providence assignait à la naissance de votre Institut,
en même temps qu'à la naissance de celle qui en
serait la mère, Madeleine-Louise-Sophie BARAT.

C'était en 1779. Quand l'enfant reposait dans son
berceau, les nuages venus de tous les coins de l'horizon enténébraient le ciel de France. Louis XVI déjà
prenait le chemin de l'échafaud, et par une faiblesse
inconsciente préparait la vacance du trône et l'effusion
du sang royal.

Quand Mlle Sophie Barat jetait sur le monde les
premiers regards de son âme, elle voyait les princes
s'enfuir, les antiques demeures s'écrouler, la religion
chanceler sur le sol où elle avait jeté de si profondes
racines. Quelques années plus tard, le soleil d'Aus-
terlitz éclairait d'une gloire nouvelle, mais menson-
gère, un monde nouveau.

Quand la Mère Barat, de ses mains tremblantes et
débiles, saisissait, obligée par l'obéissance, les rênes
du pouvoir et enfantait l'Institut dans la pauvreté
et la douleur, Napoléon, soulevant une poussière de
gloire, s'emportait au galop de son cheval vers la

destruction d'un vieux monde; un instant il fixait de son regard le berceau de la Société nouvelle. Heureusement, il détourna la tête; il partit. Par Friedland, Eylau, Moscou et Montmirail, il prenait le chemin de Waterloo et de Saint-Hélène, tandis que l'œuvre qu'une parole de lui aurait tuée dans son germe, commençait seulement d'éclore.

.•.

C'est ainsi que Dieu se plaît à déjouer nos calculs et à réaliser ses desseins. Dans le même moment, il construit et il permet de détruire. Les constructions sont divines, les destructions sont humaines. Le génie destructeur de l'homme ou du démon s'empara des antiques édifices ; quand les tours sont ébranlées, les pierres disjointes, les colonnes renversées, que la vanité de nos œuvres se déclare, Dieu vient; et sur le champ dévasté il jette une semence, il ordonne au printemps de fleurir. Il en fut ainsi. L'Église de France, fière de son passé, se croyait invulnérable. Elle avait la puissance, la richesse, la tradition, l'amitié des rois, l'affection des peuples. Elle restait bienfaisante et magnifique. Les pauvres gens lui faisaient comme un rempart. Car l'Église qui avait tant perdu, remarque M. de Montalembert, n'avait point perdu le royal exercice de la charité. Elle tomba soudain, remplissant vingt années d'histoire du fracas de son écroulement funèbre. Dieu avait effacé, et c'était pour écrire ; il avait renversé, mais c'était pour construire. De toutes parts, les âmes qu'il avait nommées venaient à l'heure qu'il avait prescrite.

Parmi elles, la plus grande peut-être, la plus digne

de fixer l'attention, votre mère, votre fondatrice, votre législatrice, mes révérendes Mères, celle qui nous retiendra désormais quelques instants bien dus à sa glorieuse mémoire, à sa virginité, à la solidité de son œuvre, dans ce moment où tout ce qu'elle a fait semble, après un siècle, jeune comme à sa première heure.

Que fut à son apparition en ce monde Marie-Louise-Sophie Barat ?

Un jour, il y eut une mutinerie dans l'une de vos maisons, l'une des plus renommées. Les enfants volontiers eussent exigé des quartiers de noblesse même de leurs mères et de leurs maîtresses. On leur avait donné pour les enseigner une dame de naissance bourgeoise. Ce fut le signal de la révolte. Elle allait grandissant, lorsque Mme Barat descend. En quelques paroles d'une souveraine dignité, elle rappelle que cette mutinerie est une offense à l'égard de la majesté divine. Elle ajoute : s'il faut être noble pour vivre dans une maison du Sacré-Cœur, je me retire. Quelle stupeur !

Mme Barat rappelait volontiers l'humilité de son origine, la modeste situation de ses parents tonneliers et vignerons dans la petite ville bourguignonne de Joigny : tonneliers parce que la vigne ne donnait pas assez de raisins ; vignerons, parce que le commerce de la tonnellerie n'avait pas assez de clients. Mais sous le toit de ces humbles, la vie était bonne et l'enfant grandissait l'âme ornée des dons de la nature et de la grâce.

Sophie était une âme pétrie de bonté, de tendresse. Un jour que sa mère, le cœur bouleversé par l'emprisonnement d'un fils, refusait toute nourriture : « Eh bien, dit l'enfant en repoussant son assiette, nous mourrons ensemble. » C'était un esprit judicieux et ferme, d'une étonnante perspicacité. Elle n'avait que dix ans quand elle accompagna sa mère chez un homme d'affaires. La pauvre femme s'expliquait péniblement. L'enfant prit la parole, fit la lumière, résumant, corrigeant, complétant le récit maternel ; et peu d'hommes de loi, disait le notaire, auraient parlé aussi pertinemment que cette petite fille.

C'était un esprit laborieux et studieux, qui parcourait, comme en se jouant, le cercle des connaissances humaines.

* *

A la suite de circonstances providentielles qui s'expliqueront bientôt, elle trouvait au foyer paternel les leçons les plus habiles des lettres humaines. Bientôt elle entendit, elle aima Virgile ; son âme rendit toujours comme un son virgilien. Elle goûta Homère, et parfois en lisant ses lettres, par exemple, lorsqu'elle raconte son pèlerinage à la Ville Eternelle, on dirait qu'un souffle de la grande poésie antique anime ces pages d'une si vive couleur, d'un si ferme dessin. A quinze ans, elle pénètre par la lecture dans la société des Pères latins et grecs. Telle une jeune vierge, entre des chênes géants moissonne des fleurs et tresse des couronnes.

Ainsi notre aimable Sophie emporte de sa fréquentation chez nos grands docteurs une piété exquise, pleine de suavité et de douceur : ne dirait-on pas sur ses lèvres le miel de la théologie ?

Et ce n'est qu'un début. Dieu réserve à cette jeune fille de grands éducateurs. Dans cette vie de Mme Barat se recontrent sans cesse les noms de ces grands religieux qui ont étonné le XIXe siècle : Tournely et Varin, qui nouent la tradition entre l'ancien et le nouveau clergé ; Mac-Carthy, une des gloires de la chaire ;

Sellier, l'apôtre des missions,

Druillet, le confident des rois,

Roger, le conseil et la lumière des œuvres lyonnaises,

Ravignan, si grand et si beau par le caractère du religieux ; les plus nobles compagnies en sont comme éblouies.

Comment ces hommes illustres, fameux par la grandeur de leurs travaux, se sont-ils trouvés en relations avec la fille du tonnelier bourguignon ? Oh ! que Dieu est profond dans ses desseins ! Comme il s'entend à les conduire à leur terme en ordonnant toutes choses dans la simplicité et la vigueur ! Sous sa main l'impossible devient aisé.

**

Sophie avait un frère aîné, l'abbé Barat, sorti des cachots de la Terreur au moment où il croyait, comme on disait alors, monter des prisons à l'échafaud, et de l'échafaud au ciel.

Le frère, averti par un secret instinct, par un pressentiment clair et confus, que sa sœur était appelée d'en haut à une mission sublime, exigea et obtint qu'elle vécût à Paris. On s'approchait de la grande cité, et la jeune fille échangeait de joyeux et naïfs propos avec une compagne. — « Taisez-vous, fit sévèrement le frère, comme s'il était indigné, dans cette ville où fume encore le sang des martyrs. »

Le jeune prêtre voulait offrir à Dieu une victime toute pure, toute sainte, presque immatérielle, digne des grands desseins qu'il prévoyait sans les connaître,

11

et il frappait comme le sculpteur sur le marbre dont il a entrevu, en son âme d'artiste, l'idéale beauté.

Quand il eut jugé son œuvre achevée, il disparut dans les rangs de notre Compagnie.

Tournely et Varin — comment ne pas saluer ces grandes âmes germées pendant la Révolution au pied de l'échafaud, du sang des martyrs, de la prière de leurs mères sublimes et saintes ! Tournely et Varin continuaient le travail du P. Barat. Ils acceptaient le legs que le jeune prêtre leur faisait de sa sœur bien-aimée ; et c'était en même temps de la part de la Providence un don deux fois miraculeux, ou plutôt un seul miracle qui se partageait entre les coopérateurs de l'action divine.

D'une part, Tournely avait vu l'édifice du Sacré-Cœur sans en connaître la pierre angulaire, et Varin, lui, recevait la pierre angulaire sans connaître quelles superbes murailles elle allait supporter. Tant il est vrai que Dieu, jaloux de ses œuvres, permet rarement aux serviteurs qu'il daigne employer de les conduire jusqu'à leur achèvement. Tantôt il les appelle à la première heure et tantôt à la dernière ; il les prend, il les abandonne, il sollicite leur concours, il le rejette, jusqu'à ce qu'il soit bien manifeste que lui seul est nécessaire, que lui seul conduit les choses de leur début à leur terme. Tournely meurt bientôt, consumé à Venise par les ardeurs de son amour.

**

Varin, réservé au martyr de Jean, l'apôtre centenaire, mourant de ne pas mourir, est donné à la mère

Barat comme le conseil des heures laborieuses où va naître l'Institut.

Varin, gentilhomme, soldat, Condéen d'abord, a conservé dans la vie religieuse et sous les cheveux blancs, son intrépidité, sa belle humeur, son oubli de lui-même ; mais son âme s'élargit, son esprit s'élève, ses lèvres distillent la bonté ; ses conseils sont ceux qui font les humbles, les dévoués, les magnanimes.

Mme Barat reçoit d'un tel maître, d'un tel père, ce je ne sais quoi d'achevé et de reposé, de généreux, d'aimable, de confiant et d'abandonné à Dieu, que ne lui auraient point donné des disciplines plus austères et une direction qui se souvenait peut-être des Jansénistes et de leur école.

Mais bientôt elle se suffit à elle-même. Destinée à enfanter des légions, à répandre la plénitude de la vie, elle est celle que réclament les hautes fonctions : elle doit s'instruire, fonder, écrire les règles et les Constitutions.

Dieu qui crée les conquérants, met la victoire dans leurs yeux, dans leur bouche l'autorité du commandement, dans leur cœur une influence secrète qui, agissant à leur insu, leur soumet les autres cœurs. Ils paraissent, les volontés hostiles se soumettent, les obstacles fléchissent.

.*.

En même temps que les desseins se mûrissent et s'étendent, les instruments assouplis déjà reçoivent leur dernière perfection, et ils se trouvent à l'heure voulue, sous la main de l'artiste excellent qui les emploie suivant l'opportunité de ses glorieux conseils ;

car il est de la Providence de ne rien laisser au hasard ; quand elle ordonne un voyage, d'ouvrir les chemins au voyageur ; quand elle commande un travail, de donner des outils à l'ouvrier. Ce sont des âmes hautes et généreuses, dignes ailleurs du premier rang, et qui n'aspirent ici qu'à se soumettre et à servir. Leur grandeur s'humilie, ou plutôt elle entre, si je puis dire ainsi, dans une autre grandeur pour se fondre, se mêler en elle, comme une eau qui descend vers un fleuve, en élargît la rive et en creuse le lit.

Telle est la commune existence de ceux que Dieu a nommés dans ses conseils les princes et les chefs des peuples. Ils sont dans le monde, et l'histoire est faite des coups qu'ils ont portés ; on n'y entend guère que le cliquetis de leurs armes ; ils sont dans l'Eglise, ils y sont mieux, pour une fonction plus haute, bien que moins superbe, plus forte, bien que moins violente.

Tels furent : Benoit, Bruno, Dominique, François, Bernard, Ignace de Loyola, Vincent de Paul.

Mme Barat est manifestement de cette grande famille, sinon parmi les aînés, du moins parmi les nouveau-venus, ceux qui marchent sur le sillon, et continuent le travail des premiers ancêtres. Où qu'ils soient, leur vocation se déclare. Pour notre fondatrice, c'est dans un coin obscur du vieil Amiens, dans cette pauvre maison de la rue Martin-Bleu-Dieu, que se révèlent les débuts de sa vie religieuse : une demoiselle Loquet, nom presque ridicule et personne bizarre, tenait la maison.

Elle en sort pour retourner à ses bonnes œuvres, et le Père Varin demande à la jeune novice, comme pour l'interroger sur la doctrine chrétienne :

— Mon enfant, pourquoi êtes-vous sur la terre ?

— Pour servir Dieu, mon Père.

— Comment peut-on servir Dieu ?

— En accomplissant sa volonté.

.•.

A ces mots l'examen cesse, l'interrogateur s'arrête, il élève sa pensée, son regard et sa parole, et couronnant alors un dessein longuement médité, il ajoute : « La volonté de Dieu est que vous soyez supérieure de l'Institut naissant. » C'était la foudre, disent les contemporains, qui tombait sur l'humble religieuse ; mais sur son aile de feu, la foudre portait aussi la volonté divine.

Le Père Varin voyait ce que ne distinguaient pas toujours si nettement les compagnes de la jeune Supérieure.

Ce lumineux esprit qui jetait des regards pénétrants sur les choses du monde entier, s'éprenait de la vérité, de la beauté.

Ce ferme jugement dont les décisions étaient en même temps rapides et éclairées, réfléchies et durables, cette aptitude au commandement qui met les âmes à l'aise, les conduit sans les opprimer, et trouve le secret, par l'obéissance, d'ajouter à l'essor de leur vertu, respecte leur allure, accroît leur liberté comme leur énergie ; cette largeur d'esprit et de cœur qui, disent encore les contemporains, par un geste gracieux et soudain, ouvrait les mains habituellement croisées sur la poitrine, comme si elles eussent voulu, par le mouvement d'un amour puisé au cœur, saisir les âmes ; cette patience à souffrir, ce silence devant l'ingratitude ou l'injustice, si nécessaire à celui qui commande et plus encore dans les familles religieuses, où toute royauté a pour couronne des épines et pour sceptre une croix, ainsi que le remarque Mgr Baunard.

Aussi une telle âme n'est point faite pour une seule ville. Amiens ne peut la contenir, les provinces la réclament, toute la France lui est hospitalière, mais insuffisante. Elle déborde sur les pays voisins, demandée par la Suisse, la Belgique, la Hollande, l'Allemagne, l'Irlande et l'Angleterre, dévancées toutefois par l'Amérique. Rome l'accueille à son tour, et le jeune Institut reçoit de l'hospitalité pontificale ces promesses de longévité qui s'étendent volontiers sous l'ombre des sept collines.

III

Quand une œuvre réussit à ce point, quand elle s'étend sur une telle largeur sans rien perdre de sa profondeur, lorsqu'elle vieillit en restant jeune, se dépense sans s'appauvrir, et se trouve après un siècle encore adolescente et pour ainsi dire dans l'esprit de son berceau, il est visible qu'elle répond à une nécessité. Arbre ou arbuste, vigne ou rosier, vous grandirez dans le jardin de l'Église ; elle attend l'ombre, les fruits ou les fleurs de vos rameaux. Leur variété est grande, mais pour parler maintenant sans figure, parmi tant d'œuvres, l'œuvre qui vous attend, c'est l'éducation de la jeune fille.

D'autres la firent avant vous, d'autres la font avec vous. Dans la maison de Dieu, aucune gloire n'est jalouse d'une autre gloire. Il ne m'appartient pas de vous assigner une place, mais sans sortir d'une réserve nécessaire, comment ne pas dire que Dieu, toujours d'accord avec lui-même, vous a donné l'intelligence de votre fonction dans l'Église ?

.˙.

Les pierres elles-mêmes de vos maisons le diraient, puisque les pierres ont une voix. Vos maisons tiennent le milieu, me semble-t-il, entre ces antiques abbayes que l'on pourrait croire invulnérables aux siècles, renfermées sur elles-mêmes, en même temps forteresse couvent ou tombeau, et d'autre part ces abris d'un jour, propriété de la commune ou de l'Etat, qui n'offrent à la vie religieuse qu'une hospitalité précaire, plutôt une tente pour s'arrêter qu'une maison pour y vivre? Chez vous, on a cette impression complexe et vraie de la stabilité et de la mobilité.

L'institution est stable, il le faut bien ; la religieuse est mobile, il le faut aussi, pour qu'au moindre signe de l'obéissance elle réponde aux besoins multiples de tant de provinces et de tant de diocèses, pour me servir d'un mot que l'Église naissante empruntait à l'Empire romain dont elle recueillait l'héritage.

Pour réussir dans une œuvre éducatrice, le Sacré-Cœur n'avait qu'à se souvenir des premières leçons que lui donnait Mme Barat, moins encore par ses paroles que par ses exemples. Toute sa pédagogie était comprise dans un mot : aimez, aimez Dieu, aimez les enfants. Aimez Dieu, remplissez-vous de lui pour le donner, qu'il soit dans votre cœur pour s'y répandre, faites-vous fontaine afin d'être ruisseau.

Aimez vos enfants. Que cette affection se prouve moins par les caresses que par les soins, par le dévouement. Paraissez à leurs yeux comme les anges du Seigneur.

.

Et il en fut ainsi.

Comment le succès devant Dieu et devant les hommes n'aurait-il point couronné ces nobles conseils auxquels tant d'autres s'ajoutaient encore pour conduire à la perfection l'enfant élevée par le Sacré-Cœur.

Dans un siècle d'*ignorance*, d'étranges méprises sur

la loi de Dieu, la fonction de son Église, l'ordre surnaturel, la dignité d'une âme et d'une vie chrétienne,
l'élève du Sacré-Cœur devait être avant tout éclairée.
comme baignée dans les ondes de la doctrine, savoir
sinon la théologie, du moins son résumé, le, catéchisme; en lire et traduire les chapitres dans un monde
qui, n'en sachant rien, s'obstine à les mépriser.

Dans un siècle d'*égoïsme*, où la fortune, où la naissance, où le talent et le loisir se replient paresseuse-
ment sur eux-mêmes, refusent leur concours à la
cause du bien, elle apprendrait qu'elle est appelée
à montrer au monde la splendeur de la charité
catholique.

Près d'elles, au couvent même, perpétuelle leçon
de choses, elles trouveraient des orphelines admises
aux mêmes soins, objet, s'il se peut, d'un respect plus
grand. Elles grandiraient ainsi comme dans un noviciat des œuvres, sachant qu'elles avaient le devoir de
rendre à l'Église dans les années de leur maturité, ce
que l'Église leur donnerait dans les années de la
jeunesse.

Elles le font. Partout vos enfants se reconnaissent,
et leur vie est le meilleur témoignage que reçoit votre
enseignement.

Dans un siècle d'*exagération* et d'*outrance*, où tout
est excessif, parce que la règle suprême a été violée
et que le sens de la mesure nous fait défaut, elles
conserveraient la belle santé de l'intelligence, le tact
supérieur des devoirs de la vie; elles seraient, vos
élèves, simples et bonnes sans vulgarité, descendraient
sans s'abaisser ; elles auraient la science sans son
orgueil, la richesse — si Dieu les appelle à la richesse
— sans sa vanité et sa naturelle nonchalance, l'éclat de
l'esprit et peut-être la beauté, mais sous le voile de la

modestie ; et quand même leur louange serait dans toutes les bouches, elle n'entrerait ni dans leurs oreilles, ni dans leur cœur.

*
* *

Telles vous vouliez que fussent vos filles, mes Révérendes Mères : un siècle est là pour nous dire que votre sainte ambition n'a pas été déçue.

. Le château les a connues, mais aussi la chaumière ou la mansarde ; elles y apportaient un peu d'or, un peu de soleil ; elles ramenaient l'espoir et consolaient la douleur. Le monde apprit d'elles toute la douceur des pensées chrétiennes, et, si j'ose le dire, leur suprême élégance comme leur sainte austérité. La paroisse s'édifia de leur présence à ses offices, de leur concours à ses fêtes ; leurs maris admiraient leur courage, leur chaste amour du devoir, comme leurs fils et leurs filles s'étonnaient qu'une foi si intrépide se mêlât d'une tendresse si vive et si inquiète.

Si cet éloge domestique vous paraissait excessif, pour le justifier je n'aurais qu'à ouvrir vos annales, ou plutôt, puisque tout ce qui est vrai n'est pas écrit, tout ce qui est dit n'est pas rapporté, je n'aurais qu'à consulter vos souvenirs.

De cette enquête, comme elle ressortirait entière la gloire de votre maison ! Quel témoignage lui rendraient vos enfants, et comme elles parleraient bien de cette maternité virginale, bénie en vous comme elle fut en cette « Mater admirabilis » que votre œil contemple sans cesse, tandis que votre main vaillante en multiplie le type tout céleste.

Mais où ne m'entraînerait pas un tel discours ?

Bientôt vous en accuseriez l'indiscrétion. Non content de louer l'œuvre, je devrais louer les ouvrières et par les vertus de celles-ci expliquer le succès de celle-là.

Je voudrais montrer cette vie religieuse du Sacré-Cœur toujours si exacte et si parfaite, si ardente et si docile, rajeunie chaque jour et rajeunie chaque année à ces sources saintes que, dans ses *Exercices*, saint Ignace a ouvertes si larges pour les larges esprits, si grandes pour les grandes âmes. Et là, il faudrait monter, monter encore jusqu'à ce soleil dont la gloire remplit votre ciel, jusqu'au Sacré-Cœur de Jésus.

C'est par lui que commence l'histoire d'un siècle et l'histoire de votre maison; c'est par lui qu'elle se termine. Au début il disait la promesse ; aujourd'hui il suscite l'action de grâces, et votre vie séculaire n'est qu'un hymne à sa louange.

** **

Et maintenant que ce discours s'achève par ces traits rapides et incomplets qu'il faut pourtant finir, ai-je assez justifié cette joie reconnaissante qui éclaire vos cœurs, vos murailles, et projette bien au delà de leur enceinte sa lumière et son rayon ?

Ce jour est celui d'une allégresse universelle, et tout ce qui est catholique dans le monde entier s'émeut et tressaille au souvenir des grâces qui vous furent faites.

Les nations de tout l'univers sont les clientes du Sacré-Cœur.

Essaierai-je de montrer la lointaine Amérique qui obtint, avec l'incomparable Mère Duchesne, les prémices de votre apostolat au delà des mers ?

L'Espagne recevant de Madame Barat et de ses filles

ce qu'elle nous avait donné avec sainte Thérère et les premiers essaims du Carmel? L'Angleterre, ramenée à des sentiments plus équitables vis-à-vis du Siège apostolique? Les Indes, étonnées de moissonner les vertus du patriciat latin chez les jeunes filles de ses races et de son sang, cultivées par les héritières de François-Xavier?

La France, aussi heureuse d'avoir donné Madame Barat à l'Allemagne, que l'Allemagne de l'avoir reçue, et partout, dans ce vieux monde, ces générations de vos filles oublient tant de grandeurs, de titres et même de couronnes, pour préférer à l'éclat de noms illustres, ce nom qui décore mieux toute une vie, lorsqu'on est fidèle aux leçons qu'il rappelle, aux devoirs qu'il impose, aux vertus qu'il suscite : le nom d'une religieuse du Sacré-Cœur.

.[.].

L'Allemagne, la France! Je nomme ces deux pays : ils se rencontrent dans cette demeure qui leur est commune, anneau qui les unit plus qu'il ne les sépare.

C'est d'ici, mes Révérendes Mères, que votre maternel regard suit vos enfants sur tous les chemins où les ont dispersées les hasards de la vie et la main de la Providence; votre pensée les rappelle de l'une et l'autre rive de la Moselle et du Rhin. Vous vous associez à leurs joies, lorsque, par exemple, à Mayence, aujourd'hui même, cinquante-quatre d'entre elles se réunissent pour construire le Sacré-Cœur d'un jour, suffisant à la fête de quelques heures.

N'est-ce point pour présider leur réunion que vous

ayez envoyé, sur la demande de vos filles, quelques voiles et quelques bandeaux, qui, disposés par leurs mains, donnèrent un souvenir joyeux du Sacré-Cœur et comme l'illusion de votre présence ?

Je m'arrête enfin à Montigny pour saluer, avec les filles de leur esprit et de leur cœur, la mémoire de ces Vénérées Mères dont le souvenir ici est toujours si vivant, Mesdames Desoudin et d'Olimard : l'une qui a élevé ces murailles et placé ici votre berceau, l'autre qui a craint un instant d'y creuser votre tombe et d'ouvrir une sépulture.

En mêlant nos actions de grâces, nous prierons pour cette chère Maison sur laquelle tant d'épreuves ont passé : nous demanderons à Dieu que, durant les années d'attente, d'humbles travaux préparent les moissons de l'avenir, et que Montigny redevienne, pour les filles de Lorraine et d'Alsace, ce qu'il fut jadis, un foyer d'une vie dévouée, généreuse, ardente et rayonnante, et que, béni de là-haut par la Mère bienheureuse de la grande famille du Sacré-Cœur, il prépare ces vertus que la terre admire et que le ciel couronne.

ÉPILOGUE

LA PAROLE DES ÉVÊQUES

Les pages qui précèdent et les leçons qu'elles contiennent reçoivent un couronnement qu'elles n'avaient point prévu. Nos Évêques ont parlé. L'école impie a fait l'unanimité chez eux. Ces hommes parfois divisés, parce qu'ils sont hommes, éloignés par les régions qu'ils habitent, par les diocèses qu'ils gouvernent, par leur âge, par leur tempérament et leurs habitudes, n'ont plus formé qu'un seul homme. Les Évêques français ont ressuscité l'épiscopat des Gaules : un seul regard pour mesurer le péril, une seule bouche pour le dénoncer, une seule plume pour écrire le magnifique document de l'unité catholique et française.

Ces paroles n'ont besoin d'aucun commentaire, elles se suffisent à elles-mêmes. Point de colère, point de menace, une doctrine précise, les distinctions nécessaires. La justice et la charité sont entendues. Prêtres, parents, enfants, pédagogues savent jusqu'où vont leurs devoirs et leurs droits.

Cette unanimité, cette clarté, cette sérénité, cette vigueur et cette mesure sont une grâce insigne faite à l'Église en France, telle qu'à notre regard, peut-être infirme, elle n'en a point reçu d'égale depuis la signature du Concordat. Les fidèles ont salué par un tres-saillement de joie et de fierté la lettre de leurs chefs ; les ennemis, après quelques moments de silence et de stupeur, par des cris de colère et par des menaces qui peut-être ouvriront et surtout découvriront les hostilités.

Nous ne pouvons espérer mieux. Le terrain où les Évêques nous appellent à lutter, est le plus solide, le plus large, le mieux accessible, le mieux balayé. Aucun piège à redouter, aucune équivoque. Nous demandons ceci : Que nos enfants n'apprennent de l'école aucun blasphème contre Dieu et contre la Patrie. Veut-on, peut-on combattre notre protestation, faire taire notre prière ? Veut-on que nous disions ceci : De grâce enseignez nos enfants à maudire le nom de Dieu et le nom de la France ?

J'ai fini. Heureux suis-je de terminer avec nos Évêques, en m'agenouillant, ainsi que tout le pays, sous cette crosse qui se lève et pour frapper et pour bénir !

TABLE DES MATIÈRES

TABLE DES MATIÈRES

DEUXIÈME PARTIE

Adolescence : le Collège.

TROISIÈME PARTIE

Jeunesse : les Études supérieures.

Épilogue.

Paris-Lille. Imp. A. Taffin-Lefort. — 10-09.

PETITE
Bible Illustrée
de l'Enfance

NOUVEAU COURS ÉLÉMENTAIRE
D'HISTOIRE SAINTE

Par les mêmes Auteurs.

Vol. in 4° cartonné, abondamment illustré . **0 fr. 50**

« En un texte nouveau, parfaitement adapté à l'intelligence des tout petits et des enfants de nos catéchismes, on trouvera ici un précis de toute l'Histoire sainte, Ancien et Nouveau Testament. L'illustration, composée spécialement pour cette édition, est magnifique ; le texte est imprimé en beaux et larges caractères, très agréables à l'œil.

» C'est très succinct... mais c'est tellement clair, tellement parlant que pour nombre d'enfants, qui n'ont que peu de temps à consacrer à l'étude de l'Histoire Sainte, on jugera qu'il y a l'essentiel. »

L'Ami du Clergé, janvier 1910.